# 房仲沒告訴你的 34件事

千萬房仲店東郭承豪告訴你，

房仲新手**10**大建議 X 仲介買賣**6**大重點

X 素人買房**8**大注意 X 店東經營**10**大心法

郭承豪——著

# 「房事」順利，讓人安心又快樂

臺灣高雄地方法院前法官／群正國際法律事務所資深律師 陳明富

有人說：「兔子能活 8 年，狗兒能活 15 年，為什麼烏龜什麼都不幹可活 150 年？那是因為牠天生有房子，沒有壓力才能如此。」

「房事」順利與否，確實是決定一個人是否能夠安心快樂的重要原因之一。

作者出身代書世家，自幼濡染熏習，加諸精進不輟，學養俱佳。邇來蒐羅學習所得新書付梓，完整介紹

給房仲新手的 10 大建議、仲介買賣時的 6 大重點、素人買房時要注意的 8 個重點及店東成功經營的 10 大心法等等，內容廣博精深，研究實用皆宜，確實值得一讀再讀。

　　凡有所得，藏諸名山不如傳諸其人，期勉有福者共享，爰為之序。

# 從心出發、做對的事

———

屏東縣不動產代銷公會理事長／鍾文淵地政士事務所負責人 **鍾文淵**

　　透過在不動產領域業務的學習，藉由每次每件居間仲介之實務經驗，所蘊藏之底氣，發酵更深層對消費者之誠實義務。

　　除了對業界之盡責，更需傳承與儲備有志加入此業之青年才俊，意義可謂重大。

　　本書從作者之日常，從新手之基礎，從仲介業務面之著墨，從經營者之永續，從本業之社會責任。深入淺

出、縱橫連貫，教導你從日常之微小而到目標之遠大，也從人性之初，而到經營心法。確實有使人感同身受之啟發與滿足讓人迫不及待往下看去。

# 目次

## 第一章 上班從來不在我的人生選項中

## 第二章 投入房仲業的願景

## 第三章 給房仲新手的 10 大建議

## 第四章 仲介買賣時的 6 大重點

## 第五章 買賣素人買房時要注意的 8 個重點

## 第六章 店東成功經營 10 大心法

第一章

# 上班從來不在我的人生選項中

每個人小時候都寫過一個作文題目〈我的志願〉，我寫過的志願也真不少，記得曾在作文中寫過長大後要當廚師、警察以及開玩具店的志願。

　　除了作文之外，也曾在繪畫課的作業裡，將長大後的人生具象化，在當時幼小稚嫩的心靈中，對未來有著無限的想像。

　　由於小時候爸媽工作的時間很長，我跟弟弟是阿嬤帶大的，阿嬤又是那種你說這道菜好吃，她就會連煮好幾餐的個性，網路迷因常常會對體型較大的寵物下註解說是「阿嬤養的」。

　　這句話用在我身上也十分貼切，每每到了新環境要自我介紹時，我會說：「我是阿嬤帶大的。」聽的人再看一眼我的身材，馬上心領神會，很快就拉近彼此的距離。

　　從有記憶時，我就在廚房跟前跟後，阿嬤總是可以巧手變出各種我們想吃的料理，彷彿魔法師般的她，又跟媽祖婆一樣有求必應，只要我們開口說出想吃的菜色，她就會做出來。

　　我在耳濡目染下，也漸漸學會做菜，記得國小高年級時，就可以自己煮出一桌菜，那時候我真正立下志願：「長大後要當廚師。」

# 有專業就不怕被時代淘汰

━━━

國中升高中時，我的第一志願當然就是要讀餐飲科，在學校學到正規的餐飲專業、考取證照，將來畢業之後就可以開一家屬於自己的餐廳。

得知我想法後的父親，卻給了我一個完全不同的思維方向，我還記得那天他站在樓梯間跟我說過的話：「行行出狀元，但餐飲的替代性非常高，要在未來不被取代，你要靠的是專業。」

爸爸做的是代書工作，雖然不是法律專業，只要通過普考就可以從事，但是在當年，代書有它不可取代的

專業性，因此他用這份工作買了車、買了房，也讓兩個兒子在優渥的環境中成長。

　　聽完他說話的當下，我對「專業」並沒有太大的概念，再想想，比起賣肉燥飯的大伯，我爸的工作的確有更大的不可取代性。

　　住家附近就有好幾家餐飲店都有賣肉燥飯，而做代書的只有我爸一個，因此當時讀國中的我想著：「這也許就是專業性吧！」

　　於是我改變心意上了普通高中，就讀位於屏東市的陸興高中，當時我的數學成績非常優秀，還代表學校參加過奧林匹亞數學競賽。

　　至於其他學科，我總覺得都是為了考學測而教的填鴨式教學，而我讀高中為的就是要上大學，只要努力把知識往腦袋裡塞，將來考上大學，就能夠有別人不可取

15

代的專業。

在老爸的建議下，我立定志向就讀法律系，為自己取得可以受用一生的專業。雖然是填鴨式教育，但我吸收得還不錯，高三第一次學測成績出來，就落在開南大學法律系，確定我有法律系可以念。

當時我也不再讀高中的教科書了，直接查詢大一的法律必修課用書，開始超前部署，讀起法律書。

坦白說，我讀的學校並非排在前幾名的學校，如果我再繼續努力，之後再考到更好的成績，一定可以上更好的學校。但在得知錄取大學之後，我就告訴自己，寧為雞首不為牛後，雖然學校的法律系並非該校招牌，不過我一定要在那裡取得頂尖的成績，將來考取律師執照，擁有別人無法取代的專業。

高中還沒畢業，我就要求自己，每個學期的成績都

要領到獎學金，所以才會在高三下就開始讀起大一的教科書。即使沒有老師教導，因為心裡有了目標，讀起這些書倒也津津有味，而在上大學後，還真的每個學期都拿到學業獎學金。

# 是法律系，還是國考系？

———

　　沿著既定的方向走，我順利的進入法律系就讀，第一次走入教室，看著周圍對未來充滿各種想像的同學，也讓我對未來靠著法律專業創造輝煌人生，有了更多的憧憬。

　　法律系讀什麼呢？從小六法開始，包含《憲法》、《民法及商事法》、《刑法》、《民事訴訟法》、《刑事訴訟法》以及《行政法及行政訴訟法》，你以為臺灣的法律就這六大部分嗎？不，這些只能算是大綱，身為一個「專業」的法律人，未來 4 年還有更多數不清的

法條等著去探索。

在大一時，每個新鮮人心裡都立下當法官、檢察官的志向，再生硬的法律教科書，都可以生吞活剝，就算囫圇吞棗也都照單全收。

畢竟每個人都看過影劇作品裡的法庭戲，看到劇中人引經據典把法條一字不漏的背出來，為正義的伸張而努力的熱血畫面，就是大一新鮮人對未來最美好的想像。

不過，這種熱情到了大二，就會稍稍降低，有超過一半的人都會覺得，以後當律師就好。

到了大三，超過 90％ 的同學都把標準降得更低了，「我以後可以考上公職就可以了。」這個現象到了大四，會質變得更厲害，「我以後賣雞排應該還比較好賺。」、「早知道就不要來讀法律系了。」

越深入鑽研之後才會明白，法律專業並不是一般社會大眾以為的是個賺錢的行業，因為它的本意不是為了賺大錢，而是為人們解決問題，而在為人們解決問題之前，自己得克服重重的考題。

　　大部分的法律系學生，在還沒通過重重考題的考驗之前，就已經放棄了。

　　相信不少人在新聞上聽到法律判決條文時，都是有聽沒有懂，明明每個字都是中文，怎麼比外文還難？或者，現代人怎麼還用古代的文言文？這些法律用語對一般民眾而言，如同天書一般，而法律系學生每天就沉浸在書本裡，把每個條文背得滾瓜爛熟。

　　脫離了高中的填鴨式教育，進入大學，情況好像沒有改變，考律師要讀的東西實在太多了，每天泡在圖書館裡，將書本裡的每個字都謹記在心，無暇跟外界接

觸，我都覺得自己跟社會脫節了。

　　法律系應該要叫做國考系，我在大二時就體認到這件事，大一時意氣風發，想要用法律一展長才的雄心大志，在這時已經被消磨得差不多，我心裡感到十分迷惘，常問自己：「怎麼辦，我要繼續往這條路走下去嗎？」直到大二暑假時，因緣際會我接觸了直銷，果然就讓我的想法改變了。

# 透過打工拓展人生經驗

———

　　在接觸直銷之前，我就一直在打工。大一時，看到許多同學都去打工，我其實不缺錢，卻也覺得應該去打個工，但又不想跟著大家一窩蜂的去超商、速食店工作，於是我選擇到補習班去發傳單。來做發傳單工作的人不只大學生，也有許多社會人士，由班主任分配，兩兩一組到不同的學校去發。

　　第一天上班時，我跟一位大哥一組，我們帶著傳單發了兩所學校後，發現傳單還有剩，不知道發剩的傳單只要帶回補習班即可的我們，就換個地方繼續發，直到

發完所有傳單才回補習班。

　　後來發現原來我們兩個人發的是四人份的傳單，不但一張單子都沒有剩下，還比其他組發兩人份傳單的效率更好，班主任對我們的表現印象深刻。

　　我們也就這樣搭檔繼續去發傳單，後來見我們工作認真，班主任給了我們電話行銷的新任務。在電話行銷的崗位上，我們也表現得有聲有色，只用一個月的時間，就為補習班創造了新一波的好業績。

　　我生來一副比同齡人成熟的臉，讓班主任以為我已經出社會，問我願不願意轉正職，我回他說我還是大學生，無法轉正職。

　　雖然知道提議我轉正職是種肯定，在那當下我也開始想像，如果在補習班轉正職之後，未來的職涯發展，我會成為正職，也許歷練幾個職位，但到了「班主任」

就是極限了。我問自己：「我願意一直做打電話鼓吹學生來上課的工作嗎？」、「這輩子，我想一直在補習班這個環境中工作嗎？」

突然有個聲音告訴我，這裡不是我要再繼續發展的地方，因為我認真一想，就看到它的終點，於是在那一天我不但沒有應允轉為正職，甚至提出離職，結束這短短一個月的打工。

我在找打工工作時，就將它當成是提前歷練社會的方式，因此在尋找工讀工作時，考慮的不是工作內容是否輕鬆、薪水能不能比其他同學高，而是這份工作能不能讓我學習到新的技能，同時還能擴大人生體驗。

在學業之外，我把可以排的時間都放在打工上，可以說是全心投入在工作中，在這種狀態下，我得到莫大的滿足與成就。

# 從服務生進階到菜口主管

為了拓展人生體驗，我到當時桃園唯一的五星級酒店——尊爵大飯店應徵工讀，面試當天我穿上正式服裝，主管拿了一份資料要我填寫，還提醒我要用英文面試。

我回主管說英文我沒辦法，於是他再問：「你不是要應徵正職嗎？」原來我這張「老臉」加上正式服裝又讓人誤會大了，我可是才大一的新鮮人啊！

工讀生不需要講英文，我當然就順利通過面試了。正式上工後，我先被分派在西餐廳，主要工作就是收盤

子、擦桌子，每天都是例行性的工作，比較沒有發揮的空間。

後來，主管派我到中餐部門，中餐有宴會廳跟茶餐廳，宴會廳通常就是婚宴會場，一開始是負責上菜、倒飲料、倒酒等工作，看著新人在婚宴上互許終身、約定一輩子一起走的畫面，經常讓我感動得不得了，眼眶泛淚，默默衷心祝福他們永浴愛河、白頭偕老。

在外場時曾發生過一次意外事件，讓我至今難忘。

話說服務生每次上菜時都是一次端 4 個盤子，收拾餐盤時自然也是兩手捧得滿滿的，就在一次收拾蒜香生蠔粉絲的餐盤時，我被隔壁桌也在收拾的另一位服務生撞到手，我手上盤子裡的湯汁，直接從一位賓客的頭上淋下去，當下全桌驚呼，旁邊撞到我的服務生也跟著叫起來。

　　第一次遇到這種狀況的我，雖然心下一驚，卻沒有跟著表現出慌張失措的樣子，儘管心裡想著：「這下死定，要被開除了！」表面上倒是很鎮定，我先請一位服務生幫我拿毛巾出來，我留在現場趕緊協助那位盛裝打扮的小姐，用衛生紙先擦掉身上的湯汁。

　　蒜香海鮮吃起來美味，但湯汁淋在頭上、身上，可真會讓人身心都五味雜陳，連我這個肇事者在幫忙擦的時候，都覺得味道真的是讓人不敢恭維。萬幸的是，這位「受害者」修養很好，沒有當場發飆，不然後果真的不堪設想。

　　初步處理好她的儀容，我馬上衝去找副理，說明事件發生的過程以及目前的處理，並且要求他：「請幫我開一個房間給那位小姐梳洗，衣服送洗費用跟房費從我薪水裡面扣。」副理聽了我的話，立刻安排讓那位小姐到飯店房間梳洗，後來並沒有扣我薪水。

妥善的危機處理，讓賓客沒有追究此事，副理也看到我臨機應變的能力，於是把我調去內場，這時，我在外場其實也才工作三個月。

　　到了內場，面臨的狀況更多了，所謂的內場就是「菜口」，菜口指的就是廚房出菜的窗口，菜口工作人員則是負責協調廚師與外場服務生出菜節奏的調度員。

　　當時有許多建教合作的高職生在內場實習，我是大學生，就被歸在「社會組」，要負起帶人的責任，不僅如此，還要安撫廚房裡師傅的情緒。

　　師傅往往只顧炒菜不看時間的，組長喊哪道菜可以做，他們就開炒。在 STAND BY 時要有人應付他們的情緒，所謂的應付情緒，就是陪他們「喇賽」，主動找話題聊，讓工作現場的氣氛輕鬆，但還得拿捏尺度，以防輕鬆過頭，反而增加工作出錯的機率。

當時，我看著主控的組長做現場調度，發現這個工作必須要有很好的臨場反應。我在一旁跟著他學，接下來的 3、4 個月，無論是宴會廳或是茶餐廳的菜口，我都會跟他聊天交流，從中學到不少工作技巧，我也跟他配合得很好。

後來組長跟人事主管説：「只要我有班，他就要有班。」把我當成他的得力助手，甚至是他的接班人。他曾告訴我：「你將來有機會接任我的職務，因為有人在挖角我。」

半年後，他真的被挖角離開了，我也遞補了他留下的位置，開始我的菜口主控人生。雖然成為組長，但薪水並沒有調整，因為學校還要上課，當然也無法轉成正職。

在內場負責的工作與外場截然不同，面對的挑戰

就更多了，外場的服務生只要聽命行事，將餐點送到桌上，幫客人把大盤換成小盤、倒酒換茶，收拾賓客用完的餐盤，只要不打破餐盤，不要像我把湯汁淋在客人身上，基本上不會有什麼困難的事情要處理。

在菜口就不同了，除了要跟著婚宴進行的節奏，掌握出菜的時間，讓婚宴現場賓主盡歡，還得「按耐」好師傅的情緒。

整天在熱烘烘的廚房裡揮汗工作，師傅難免脾氣火爆，讓他們心平氣和的端出一道又一道美味料理，大家工作起來才會開心。

每天下班時，我都會請師傅喝酒。因為薪水是現結現領，拿到錢之後，就直接衝去便利商店買幾瓶啤酒到廚房，「師傅辛苦了！」看到我送上的啤酒，炒臺、蒸臺、點心臺的師傅都露出開心的微笑，想必我這個年輕

小夥子在他們眼中十分上道，我自願當小弟，把他們奉為老大，心開了，溝通起來就方便多了。

雖然還是個大一新鮮人，在餐廳內場的指揮調度能力，已經讓主管看出我的大將之風，許多事情不需要特別交代，我都能主動提前想到，並且做出最好的成果。

從大一下學期到大二上學期，我在餐廳與廚房間穿梭，小自 40 桌，大至 100 桌的宴會規模，我都經歷過，小時候想當廚師的夢想雖然還沒有實現，但也算靠近了，只是沒想到，很快的，我又要離開這裡了。

# 背黑鍋不忍了，憤而離職

在婚宴進行過程中，我們工作人員忙進忙出，讓來賓盡情享受佳餚，另一邊的新人也沒閒著，從進場、主婚人致詞、重要來賓祝福、開香檳、切蛋糕、逐桌敬酒、拋捧花到送客，兩個小時的用餐時間中，他們要做的事情可多著，真正坐在桌前用餐的時間真的很少，也難怪，常有新人婚宴回到家後，必須煮泡麵充飢。

在飯店婚宴的上菜流程中，有道菜是婚宴整體表現成功與否的關鍵。基本上，在上這道菜之前，新人換禮服、逐桌敬酒等等流程都要完成，因為當看到這道菜上

桌之後，就會有賓客準備離席。

這道關鍵菜色就是雞湯，約定俗成的習慣是，雞湯上完，宴席已接近尾聲，有些不吃甜品、甜湯的客人，在喝完雞湯就會離席，往往這時候，新人已經站在門口等著與來賓合照並送客，餐廳有責任控制好出菜時間，讓新人可以在門口親自與每位客人道謝，為婚宴劃下完美的句點。

就有一場婚宴，新人還在裡面換第二套衣服，廚房的雞湯已經做好出到菜口，看著一盅盅的雞湯群聚在那裡，我請服務生先全部放到推車上，至少等新人出場再上湯。新人出場後再上湯，至少賓客還會等新人一一打招呼之後再離場。

不料，有個正職主管看到堆在走廊上的雞湯後，立刻下令：「雞湯不可以堆在這邊，現在立刻上桌！」我

急忙上前讓他了解雞湯不可以現在上桌的原因，豈料他非但不接受，還霸氣的回了一句：「我說了算！」

雞湯一上，想當然爾，就有賓客陸續離席，新人換好衣服出場，看到現場已經開始散席，臉色整個垮了下來。

飯店接到客訴，大主管出來飆罵的同時，那個下令出菜的主管，竟然把所有責任推到我身上，我為他犯的錯背了個大黑鍋。士可殺，不可辱，明明我沒做的事情，為什麼歸咎到我頭上來？氣得火冒三丈的我，立刻表明：「我就做到今天！」

接連幾天，公司的主管瘋狂打電話給我，我是鐵了心的不想再跟他們有關連了，電話不接也不回，直接劃清界線。

現在想起來，憤而離職的做法的確有點衝動，不

過，我本就不是為了賺生活費而打工的，這樣的職場環境，真的是不做也罷。

　　經過這場鬧劇，我回到學校，決定暫時先不打工，還是好好把書讀好，每個學期領到獎學金才是正事，畢竟我也才升上大二，還有好多書等著要讀、好多學分得修完。

# 第一次做直銷就上手

———

　　大二暑假前，有位高中同學從臺中來桃園找我，一見面就開始聊直銷，聽著她描述經營直銷後的生活，簡直顛覆了我的三觀。

　　原本想不要再打工，而是專注於讀書考試、為將來打算的心，再度掀起波瀾，整個事業心都被撩起來。

　　同學説：「做直銷就是當老闆，有很多人幫自己賺錢。」

　　她講起直銷的經營模式，辛苦一陣子、幸福一輩

子，只要輔導朋友加入，就可以如同加盟主開出一家又一家的分店般，讓別人為你賺錢，最棒的是，前期投入的成本極低。

我對此深信不移，甚至覺得這輩子就是它了！只是那位同學跟我談完，簽了加入合約後，她人就不見了，原來她忙著跟男友談情說愛，根本無心推廣。

難道我遇上詐騙了嗎？可是我明明沒有半點損失，而且怎麼想，這都是可以賺錢的事業啊！當時搜尋引擎還沒現在這麼厲害，或許也是這家公司在網路上的資訊不夠多。

好不容易，我終於找到這家公司的臺北分公司地址，搭了火車就往臺北去，看到現場滿滿的成功人士，年紀輕輕就衣裝筆挺、談笑風生。

「這裡真是太棒了！」

旁觀的我也想跟他們一樣，看歸看，我並沒有上前詢問他們，能夠活得這樣風光體面，到底是怎麼辦到的？

　　我回去找了身邊的同學，大家都是讀法律的，對直銷這種特別的商業模式並不了解，我自己更是不懂要怎麼開始，相關的直銷術語像是 ABC、OPP、NDO，根本也都沒聽過。但心中被激起的雄心壯志，讓我渾身充滿熱情，拉著同學一直講，每個人都說我被騙了，雖然跟那麼多同學講了直銷，我壓根也不知道要怎麼讓他們加入，反而搞得我自己像是在做詐騙似的。

　　於是我再次到臺北分公司去，鼓起勇氣問了櫃檯，櫃檯小姐的態度並不友善，我問：「要怎麼簽新人？」

　　她反問我：「你上面是誰？」

　　我說：「我不知道，只知道我同學跑掉了。」

　　這位行不通，我又去問了一位較年長的行政人員，她願意幫我查詢，一查發現我是臺中的線（因為我同學住臺中），一查是臺中的線，剛那位櫃檯小姐又過來說：「臺中的來這裡做什麼啦，是來亂的嗎？」口氣更加惡劣了，顯然他們根本不想理我，就當我是個遺落在桃園的業績，反正跟他們無關。

　　渴望在直銷有所成就的我，當然沒有輕易放棄，儘管內心對於受到這樣的對待有點生氣，仍好聲好氣拜託他們：「我真的很想學。」

　　看到我這麼有誠意，他們才終於願意指引我一條明路。

　　有位桃園的經營者週末會回去，他們要我去找他，後來果然聯繫上，我就在中壢跟他學習產品、事業的相關知識，也知道要怎麼協助新會員入會了。

我心想，等我暑假回鄉，屏東、高雄有一大票朋友可以找，他們一定會跟著我一起做。

那年暑假要在屏東地院實習，我每天早上 8 點半就去待到中午，再回阿嬤家睡午覺，下午就把一整天要做的業務一股腦兒做完，5 點半下班前，先把西裝換好，下了班就去高雄、屏東四處談，談了一整夜，直到天亮才又回到地院上班（其實是補眠）。

那個暑假，每個晚上我都在談直銷、進新人，組織發展得非常快速，短短兩個月時間，我的實習月薪加上獎金收入超過 10 萬元。

我知道這是無論怎麼上班都無法得到的收入，一個 20 歲的年輕人，就算法院一個月給我 5 萬、8 萬，都比不上做組織行銷的收入。

我這輩子絕對不要當個乖乖的上班族，一定要當老

闆，做直銷就是自己當老闆開分店，讓組織為自己賺進源源不絕的被動收入。

這家直銷公司的主要產品是賣手機門號，一開始發展得勢如破竹，不料在開學後，電信公司門市說，我們賣的量已經超過他們門市可以接納的量，甚至還說他們的業績都被我們搶走了。

原本配合的電信公司，一個個停止跟我們合作，後來，連用門號做直銷也被法令禁止了。這家直銷公司開始賣一些跟原本屬性不相關的產品，如面膜、奶茶等，讓我滿頭黑人問號。

那兩個月直銷經營期間，我了解到許多直銷的制度與規則，有個跟道德操守有關的規定就是：組織內不可以問上線收入、不可以有男女關係、不可以有借貸關係。

前面提到在桃園教我的那位領導人，倒是一個不漏的把這三件事情都犯過一遍，團隊被他搞得烏煙瘴氣，組織就開始亂了，我有一個月的時間完全沒有獎金收入。

直到這位領導人的上線出現，我以為他要來救我，沒想到是要問我有沒有線可以撥給他，到了大三下學期，我就退出了。

常言都說：「直銷是做人的事業。」無論公司、產品、制度有多好，如果沒有把人處理好，組織就可能一夕崩盤。雖然我第一次經營直銷就上手，但是公司出狀況，領導人操守也有問題，讓組織在快速壯大之後，也迅速的瓦解。

這次的直銷初體驗，讓我學習到豐富相關知識與經營「眉角」的同時，我也更加確信，上班不會在我的人

生選項中，未來的人生，我要朝著老闆之路前進，絕對不要做一個拿死薪水的上班族。

　　大學即將畢業，我讓生活歸於平淡，繼續用功讀書，準備畢業後讀研究所。當時我對一個議題感到很有興趣：在檢察體系中的刑事案件，比如被強暴者，是由檢察官起訴，偵察不公開，偵察完之後，根據犯罪事實，替被害人去起訴施暴者。

　　「如果我是被害人，你要用什麼法條去替我起訴？你怎麼知道我內心的想法呢？」

　　對於這個深藏在內心的疑問，我想要當作碩士論文研究。如同高三就開始讀大一的課本，我還沒考上研究所，就超前部署把論文題目訂好，直到現在，我還想探究這個議題，不過這個題目後來被同學拿去寫了。

　　得知我有報考研究所的計畫後，我爸堅決反對，他

直言：「你就是不想面對現實！」他告誡我，要讀研究所以後機會多的是，畢業後先去當兵，等以後找到工作再做計畫吧！

聽到爸爸這麼說，我就打消了念研究所的念頭，專心把大學學業完成，準備向國防部報到。

# 當兵時讀到智慧之書

大學畢業後，緊接著就去當兵，進到新訓中心後的我，再次大開眼界。

三餐提供的餐飲異常難吃，每天早上 5 點半就要起床，還得把棉被折成豆腐狀，無論行進坐臥，都有各種奇怪的規範，班長每天扯著喉嚨講話，似乎不罵人會死掉一樣。

我不明白為什麼每個新兵都要被兇，才第一天，我就被留下來罰站，我不明白為什麼班長要這樣針對我，好像做什麼事情都不對。在動輒得咎的環境中每天過得

戰戰兢兢，神經緊繃的我，反而更容易犯錯了。

第 3 天被留下洗餐盤時，我真的不爭氣的哭出來了，內心裡有很多的不平：「我到底造了什麼孽？為什麼要在這裡受委屈？」

然而，在流了兩滴眼淚之後，我立刻釋懷了：「這不是我能改變的體制，又何必難過？」對我而言，就只是人生在這個階段遇到的挑戰，我更應該要勇於度過這段必經的挑戰。自此之後，我就看開了，比起漫長的數十年人生，當兵只是微不足道的一小段。

新訓營區中，曾安排過一場演講，演講者是屏東的前賭博電玩大亨陳鄭彥，他曾因吸毒被關了好幾年。假釋出獄後，揮別毒品，跟著哥哥經營二手車生意，重新翻轉人生，於是他開始擔任反毒大使，將自己大起大落的人生經歷分享給大眾，鼓勵他們向毒品說不，並且勇

於開創自己的人生。

原來這位陳大哥，從小因為家境清寒，加上人口眾多，媽媽必須兼三份工才能養活一家人，從小品學兼優的他，放學後還會幫忙撿破爛、摘毛豆，賺錢貼補家計。

國二那年到同學家烤肉，無意間發現同學在吸食安非他命，抵不過好奇心的驅使，他跟著吸了一口，人生就此陷入泥淖。毒品讓他性情大變，打架、飆車等偏差行為樣樣來，高職讀了三個月，就因為仇家在校門口堵他，就此中輟。

輟學後，他仍關心家中的狀況，不斷尋求能夠賺錢致富的工作，有一次，朋友帶他進入一家賭博電玩公司，看見牆上的業績報表，不少人都是月入數十萬，讓他當下就加入業務行列，他的工作就是將賭博電玩置入

吸引人潮的商家，像是檳榔攤、雜貨店等，吸引顧客跟機器賭博。

賭博性電玩的高額獲利，讓黑白兩道都覬覦這塊大餅。為了爭奪利益，暴力衝突在所難免，陳鄭彥曾在一次械鬥中挨了十幾刀，斷了一隻手，縫了三百多針，眼睛還差點瞎了。

撿回半條命後，他更積極朝著自以為的成功人生前進，才 18 歲，就在全臺擁有八百多臺賭博性電玩，每天口袋裡都有五、六十萬元的現金進帳，五子登科的他，自認是白手起家的成功企業家。

不料此時他卻又再次染上毒癮，儘管妻子跪著哭求他戒掉，但陳鄭彥仍無法抵擋海洛英的誘惑，後來被捕入獄，人生從天堂墜入地獄。

隨著時間過去，憤恨不平的心境逐漸平靜，為了打

發時間，他在獄中找到一本智慧之書，每天抄寫，在抄寫過程中，怨天尤人的心也逐漸轉化為感恩。陳鄭彥假釋出獄後，重新站起來，不但是三家公司的老闆，也成為了反毒大使。

演講後，陳鄭彥說他帶了那本智慧之書送給大家，我也衝上前去搶，搶到時才發現原來是《聖經》，但我還是默默的把它讀完，也跟著練習祈禱。新訓結束抽籤前，我不斷跟上帝祈禱，祈禱能抽到涼缺，果然就抽到對一般人來說是超涼單位的飛指部。

部隊在臺東知本，要分發專長時，我毛遂自薦說我有煮菜專長，果然就成了伙房兵，小時候想當廚師的志願，竟然就在服役時達成。

當時有個學長曾在品田牧場工作，他很熱心的教我怎麼做炸物，從他身上我又學到不少料理的技術，廚藝

也逐日提升。伙房兵要懂得換菜單的技巧，才不會讓連隊官兵覺得每日餐食一成不變。

　　剛開始我沒抓到訣竅，經常被連長罵，隨著經驗的累積，我已經懂得怎麼掌控成本，又能夠變換出讓大家滿意的菜色。

　　後來，所有的學長都退伍了，我成了最資深的伙房兵，所有的做菜方式都照我的方式來。我帶著大家改菜單，也精進大家的烹煮技術，連長也很會做菜，就更懂得怎麼刁難我，不過這些問題對我來說根本小菜一盤，不管什麼問題都迎刃而解。

　　過年時我還自願留守，因為我想親自煮年夜飯給大家吃，那頓年夜飯讓大家吃得很滿意，連長後來還放我榮譽假呢！

　　退伍前三個月，臺東的部隊裁撤，我被調到高雄大

坪頂去，那個部隊的伙房裡只有一個義務役，其他都是志願役。他們本來不放心給我炒，我說我真的會炒，他們才姑且讓我試試看。果然我做的菜比較好吃，他們討論之後，決定放手給我做，他們不但樂得輕鬆，也不用在爐前熱得渾身汗。

廚藝得到肯定，我也肯主動擔起責任，讓他們可以少做一點事，我又進一步跟他們交換條件，午餐、晚餐我來做，早餐交給他們，我想睡晚一點。他們也真的答應我了，就這樣，我在這個營區順利退伍，準備開創我的嶄新人生。

第二章

# 投入房仲業的願景

曾有人問，我選擇投入房仲業的契機是什麼？這個問題，我無法用一句話回答，因為進入房仲產業的過程，可以說是一波三折，一度鼓勵我投入房仲產業的父親，甚至曾跟我說，如果做不起來，就把店收掉吧！

　　服役時有不少自由時間可以運用，因此在退伍前，我就開始準備律師的國考。如同前面講過的，與其說讀的是法律系，不如說是國考系，為了通過考試，要讀的書堆積如山。

　　退伍後，要繼續準備考試，就得每天專心讀書，無法進入就業市場，但我無法接受自己整年不事生產。

　　再想想律師的工作內容，除了幫人打官司之外，更像是心理諮商師，遇到家庭紛爭，要安慰委託人的情緒，更要協助他們釐清事情的來龍去脈。

　　有時在諮詢過程中，協助他們對原本在意的事情釋

懷，也就不打官司了；擔任刑事案件的辯護律師時，更要面臨「硬凹」的狀況：明顯有罪的案件，還得幫被告舉證，種種狀況，讓我對成為律師的興致大減。

於是退伍後，我決定不考律師，而是通過專技普考地政士（即土地代書）的考試，先跟我爸跑了幾個案子。

從法律人的角度來講，最不喜歡經手的就是不動產的案子，繁雜又朝令夕改的法令與法規，常常讓人焦頭爛額，而我跟著爸爸，一開始就做了 PRO 級的大案子。

# 儼然跑選舉行程的祭祀公業案

第一個接到的案子是「祭祀公業」，根據《維基百科》的解釋：

祭祀公業，又稱祭田，為臺灣的特殊社會團體，是以祭祖為目的所設立之獨立財產，淵源於宋代時之「祭田」。

明、清以來的臺灣人，往往留下一筆土地或物業由後裔共同持有，以孳息供應祭祖與掃墓之費用。

其成員之繼承權利，依當時臺灣民事習慣，通常為

長子繼承或共同選舉一位管理人而加以繼承，此方式常
會在規約中加以明定。以每年的產出銷售所得利潤、租
金或利息收益作為掃墓與祭祖等等的經費，今日則多推
選委員會以便管理。

　　是不是有看沒有懂？用白話講就是，我要去處理一
件人數破百的繼承案件。我的委託人是家族裡有聲望的
大老，他扛下了整合祭祀公業的任務，但家族龐大、人
多口雜，每個人的想法跟意見都不同，要每位成員達成
一致的意見，簡直難如登天。

　　我的工作就是每天陪著大老，一一到每個家族成
員的家裡拜訪，這個行程既像推銷業務，也像候選人拜
票，跟著大老「跑行程」，說服家族成員簽下同意書。

　　讓他可以全權整合家族資產的兩個月裡，我學到了
許多談判技巧，也明白這不是個非黑即白的社會，開始

去了解什麼叫做「社會人」。

雖然大老要整合公業的出發點是好的，他並不是為個人私利去做這件事，而是為了將家族利益最大化。但可不是每個家族成員都領情，甚至不少人懷疑他別有用心，我跟著協助他去挨家挨戶拜訪時，挨了無數白眼，被罵出門的情形也沒少見，只見他總是心平氣和，耐心相對。

他曾告訴我：「我們要懂得搖檨仔給人撿。」

他的意思是搖芒果樹讓芒果掉下來給其他人撿，在整合家族財產的過程中，要讓每個成員明白，他們的權益不會受損，反而可以得到額外的利益。

在那段時間，我做許多複雜的行政工作，列名冊、列財產清單，跑縣政府、市公所等公家單位，一出馬就承接了這麼複雜的案子，讓我一下子功力大增，日後承

接的任何案件，都只是一塊小蛋糕了。

完成這件「家族大業」後，我又接到一件大型的土地買賣案件，是 28 人共同持有的 3 甲土地，賣出去之後由 7 個人均分持有。繼承跟分割是房地產買賣中非常困難的部分，如果土地方正，切割起來難度較低，萬一土地畸零細碎的話，難度就相對高很多。

我經手的這筆土地還算方正，因此在處理上就輕鬆許多，但當時還是每天工作到深夜，為客戶將土地的持分比計算清楚，當時計算到百萬位，按計算機按到眼花撩亂，總算不負所託，圓滿完成。

經過這兩個大案子之後，我的代書實力大躍進，日後經手的案子都難不倒我，就這樣，在爸爸的代書事務所做了 2 年多。

# 奧客來亂，讓我身心俱疲

就在大部分的案子都得心應手、如魚得水時，上天送來一個考驗。

有一次在爸爸出國期間，我一口氣接到了兩個案子：一個是國際社團裡的會員引介給我的，另一組客人則是市公所那邊引介過來的。

第一個案子如同其他過戶案一般，不費吹灰之力的很快就處理完成。不過第二個案子就沒有這麼順利了，同樣是轉介的委託人，我用一樣的作法協助她跑流程，請她繳交相關規費時，她卻態度大轉變，翻臉不認帳。

「案子還沒辦好，我為什麼要繳錢？」

「這筆錢並不是我要收的，而是地政的規費。」

「我不管，反正沒辦好我就不會付錢！」

溝通半天沒有共識，她卻越來越不講理，我只好宣布我的立場：「我們並不是服務業，我們是受託人，接受您的委任來幫您完成。如果您無法接受條件，那麼就終止委託，您可以直接到地政事務所去送件。」

接著她就開始歇斯底里搶我手上的資料，我當下就把所有東西交還給她，即使案件已經完成九成了，我卻一毛錢都沒有收。

這件事情發生後，我經常在半夜接到無顯示號碼的來電，不是一接起就掛斷，就是有人在電話那頭劈里啪啦用最難聽的話罵我。別看我長得高頭大馬，遇到這種

事情，承受的心理壓力之大，不是他人可以想像的。

那段日子，我真的很怕聽到手機鈴聲響起，至今想起來仍心有餘悸。

臺灣話說：「剖心肝予人食，還被嫌臭臊！」我真心相待、熱心服務，卻落得這樣的結果，想想真不值得。那個老師還去附近跟其他代書放話說我的不是，破壞我的名聲，讓我萬念俱灰。

這件事情在爸爸回臺後，我也沒跟他討論，而是在心裡暗下決定：「我要去擺攤賣吃的了。」

# 原來，賣雞排沒有想像中簡單

想做什麼就立刻行動的我，找了兩個朋友討論合夥事宜，很快就有了共識，我們決定要去賣炸雞排。準備好生財工具，開始研究進貨成本、油炸技術以及擺攤地點，開始進行我們的「新創事業」。

萬丹的紅豆節、廟會、夜市，我們都會去擺攤，在扶輪社聚餐時，也送給大家吃。當時我白天還是在爸爸的事務所裡工作，不算完全轉行。

三個小伙子想靠著賣雞排創業著實不易，原來，不管是夜市還是廟會，好的位置早就都被資深的攤商占據

了，我們這些小毛頭根本沒有機會躋身其中，只能擺在不顯眼的位置。位置不好，生意自然也不會有起色，連人潮洶湧的年街市集，五天裡也只有兩天生意好。

坦白說，賣雞排每天的工時並不長，生意好的時候，還可以做到 5000 元的業績，聽起來不錯，但是一旦扣掉成本之後，一個人只分到幾百元，根本是非常不划算的生意。只是當時還年輕的我們，以為這樣就算是掌握自己的人生，做著自己想做的事情。

然而紙包不住火，賣雞排的事情還是被我爸知道了，他語重心長的告訴我：「你因為一個案件，而對整個行業失望？」我聽了之後，沉默無語，他又說：「如果為了一個案件，而放棄了其他 99 件，值得嗎？」

在他的溫情鼓勵下，我終於寬心了，跟合夥人商量後，我退出經營了幾個月的雞排攤，回來繼續做代書。

那時我又接觸到一家直銷公司，產品效果不錯，價格也十分合理，我兼著推薦，很快就做出組織來。那一年，這家公司開了高雄分公司，每一季都有辦獎勵旅遊，我第一次去泰國就是他們招待的。接著又去了韓國，第三次達成，我將出國機會送給阿姨去玩。

八個多月的時間，我達成了三次業績目標，在很多人眼中，成績是很好的，收入平均有一般中階主管的薪資水準，但要不斷的開發，加上收入並非每月穩定，雖然產品不錯，我終於還是退出經營。雖然在經營直銷這件事情上，我是非常有天分的，無論是大學時期或者出社會後，只要我想做，就能做出成績。

事實上，直銷產品也比一般開架商品的品質好，即使不再經營，我仍會持續使用，但真正從事之後，我還是決定回到我的本業──代書。

# 成立「豪傑不動產」後，跑去泰國賣房？

　　斬斷不需要的干擾，我專心在家接代書案件，期間也通過了房仲代理人的證照國考，我爸說：「既然考過了，就去做啊！」

　　生命中的每次重大決定，總是有他在旁推我一把或拉我一把，這次我又聽了他的話，將代書事務所旁的車庫改裝，就開了房屋仲介公司。

　　成立「豪傑不動產」後，我另外找了兩個朋友來合作，三個沒經驗的人，根本不知道怎麼開始，啟動得非常不順利。明明我在直銷產業都可以找到人，一樣做銷

售，賣房子卻是個完全不一樣的宇宙。

「怎麼那麼難啊？」我們三個人經常坐在辦公室唉聲嘆氣，不知道問題出在哪裡。不好開發、委託案件很少，又不想砸廣告在租屋賣屋網站上提高曝光率，開了公司後，才知道事情不如我想像中的簡單。

有一次在青商會裡，得知有個朋友在泰國賣房子，我心中大悅，心想，在屏東沒有機會，不如來去泰國找機會。今天得知消息，後天馬上出發，帶了護照與美金直奔機場，在機場登機前才打電話給媽媽說：「我要去泰國喔！」

下了飛機，辦落地簽的隊伍排得老長，表格裡的泰文一個字也看不懂，好不容易遇到一個臺灣人，我拜託他教我填寫，對方大概想說：「到底哪裡來了一個完全沒做功課的觀光客啦！」

完成落地簽證我才又想到，來接我機的人，不知道長什麼模樣？拿起手機，又發現我的國際漫遊沒開，連上機場 Wifi，網站上的泰文如天書一般，好不容易我看到了預付卡服務的櫃檯，掏出百元美金鈔票付款，只見櫃檯人員臉上明顯三條線，但我只有美金啊！

　　一番折騰之後，才辦妥手機網路，總算找到來接機的人帶我去看房子。

　　2017 年時，曼谷一間房折合臺幣約 90 幾萬元，買下後可以出租當房東，投資報酬率大約 5%。而且泰國整體社會與經濟穩定發展，未來漲幅可期，是很值得投資的標的，回來後，我跟爸媽討論，他們鼓勵我試試看，爸爸還說：「我當你第一個客戶。」

　　還沒開始仲介泰國房屋買賣，我又發現，好像看屋團才是最快的獲利來源，只要排個三天兩夜的快閃行

程，團費 17000 元以內就可以出國，對很多人來說是很有吸引力的。

廉航的機票便宜，到達當地直接住在要看的房子裡，外出的行程又是當地公司派車，每次出團，一個人我大約可以返水 2000 元，利潤是很好的。

為了揪更多人到泰國看房，我在臺灣開說明會介紹泰國房產，並邀請來聽的人參加下次的快閃團，旅遊順便看房，對手上有資金的人來說，是個一兼二顧的行程，就算對房子沒興趣，也滿足了出國玩的的願望。

為了吸引更多人來跟團，我花了很多功夫，不斷優化 PPT，甚至自己動手做了樣品屋給大家參考，出團的客戶絡繹不絕，但往往在回臺以後就沒有下文了。

我的客戶九成以上都在屏東、高雄，願意在國外置產的人趨近於零，感覺我就是一直在做重複卻沒有產值

的工作。

　　基於互信，我自己的說明會講義都直接分享給泰國的合作方，不料他們完全沒問過我，就直接把我的整套資料複製貼上，改成他們自己的版本，原創的簡報被盜用，讓我氣得七竅生煙，再加上泰國的房子成交筆數太少，就乾脆退出南部的代理了。

# 遇見改變一生的貴人

退出泰國房產銷售，我一時不知道該怎麼往下走，其實泰國不動產前景可期，我卻不知道怎麼開展。

雖然已經開了仲介公司，但根本沒有客戶上門委託，2018 年 5 月，我百無聊賴的滑著臉書時，滑到了人稱「Open 老師」的關哥，他是我大學時經營過的直銷公司旁線的領導人——關少鈞，發現他正在做的工作，就是輔導業務人員優化商業模式，我發私訊給他，自我介紹以後，就直接將我遇到的問題告訴他：

「我現在接了一個泰國不動產投資的項目，是南部

的總代理，雖然泰國不動產有高度的競爭力，但不知道該怎麼行銷比較有效率。我目前遇到的問題，一是客源不知道從哪裡來，二是現場無法成交簽約。我本身是法律系畢業，專業代書加上不動產經紀人，也成立了仲介公司，對不動產專業是有十分把握的，只是不知道要怎麼行銷。」

「你從招商到成交的環節有哪些呢？」

「目前公司有 4 位業務，加上我總共有 5 位，以當面邀約、電話邀約與社群（臉書以及 LINE）為主，我們主推的是現場下定簽約、現場報名賞屋旅遊團，目前北、中、南各有一個代理商，以北部的成績表現最好。」

「一對多簡報銷售嗎？」

「對。」

「你這樣太慢了！」

聽到他這麼一說，我馬上問他，應該怎麼做？他告訴我，應該要舉辦一個利多項目、收小錢收人心、透過會員新人成為免費業務、指導業務如何獲取自己人脈的利益和意義，並且在北、中、南形成「點的業務招商」、「線的業務不同線的通路」、「面的臺灣包夾」，到最後，國家的「體」上市。

他特別強調：「沒有點、線、面、體的設計，都是做流量的浪費，也浪費時間。」我有聽沒有懂，他再點出我的問題，「你的商業模式，只是用人脈的轉介紹流量進而成交，單純做一個面向的銷售，對公司的 3 到 5 年來說，是一個過度單純與樂觀的做法。」

這樣一講，我就通了。

我把我手上的相關資料都傳給他，請他幫我分析，

也約了時間到臺北去找他。他提出什麼要求我都無條件接受，他還說：「這些諮詢要收錢喔！」我當然 OK。

聊過之後，我深感相見恨晚，他告訴我：「你懂的東西很多，但又少了點什麼。」

聽他一席話，勝讀十年書，討論出來的結果，我的角色定位成了「專業講師」，先用 OPP 來介紹我的課程，再教導學員如何「從零開始學會不動產」或者「小資房產輕鬆賺」。

從最基本的名詞解釋，如：「不動產是什麼」開始講起，再講到買屋賣屋的每個環節，扎扎實實兩天的課程，儘管收費 28000 元，課堂經常都是爆滿的狀況。

關哥教我打造個人形象，拍出專業的形象照，更一直協助我優化課程內容。從一個沒成交過幾筆不動產的房仲，搖身一變成為專業講師，這是我始料未及的結

果，也改變了我這一輩子的走向。

　　從一開始接受我的諮詢，關哥並沒有跟我簽訂合作契約，最後更是一毛錢都沒有跟我收，這位生命中的貴人，給了我金錢無法衡量的價值。

# 識人不明，我又跌跤了

———

　　當時北、中、南都有幾位專業講師在教授房地產課程，課程內容良莠不齊，甚至有的講師根本就沒有房仲經紀人資格。

　　為了讓影響力再擴大，我找了在網路上有聲量的人合作，當時有個部落客跟我合作開課，約定好他幫我在網路上登廣告宣傳、攬客，我只要負責講課就好。

　　當然，還是會有「粉絲」主動找我報名，不過，這樣的分工合作，可以降低我的工作負擔，也希望能透過不同領域的配合，擴大學員的面向。

　　開第一堂課時，我就發現從我這邊賣出去的課程比對方還多，這次的學費收入還不錯，然而第二次結算後卻大幅縮水，只能說是小賺，第三次則是小賠，到了第四場課程變成了大虧。

　　明明對方是掌握流量密碼的廣告投放專家，怎麼會讓原本賺錢的課程變成慘賠？

　　他的說法是：「廣告費下太多，成本太高導致回收困難。」這個說法我無法接受，甚至不認為他真的有下那麼多廣告。

　　有一天，他的一位助理私下告訴我，這位專家根本沒有真的下廣告，他那邊來上課的學員，都是他請來當樁腳學員的親友團，連學費都沒有繳，難怪課程越開越賠錢，這下我才知道又遇人不淑了。

　　我直接帶了 10 萬元去找他，告訴他：「我這裡有

10 萬元，你馬上下廣告給我看！」他見狀開始推託，說什麼他公司的電腦開著，正在投放，如果他從這邊登入，就會影響主機的作業。

我又提出：「那麼請你給我看一下之前投放廣告的紀錄。」他也不願意，事實擺在眼前，我知道該跟他劃清界線了。

這件事帶給我的最大體悟，就是要跟人合作時，一定要事先多方打聽，了解其他人對合作對象的評價之後，再決定是否合作，事前的準備做足，才能避免後續讓雙方不愉快的事情發生，也避免掉無謂的損失。

# 事件落幕，回歸仲介本業

講師生涯在這場鬧劇之後正式結束，協助我處理課程的員工一一離職，我回到豪傑不動產繼續我的仲介工作。公司只剩下我一個人，每天愁眉苦臉、一籌莫展，跟個行屍走肉沒有兩樣。

看到我這副德性，我爸又發話了：「收一收啦！不要再賠錢了，回來家裡上班吧！」

頓了一下，他又說：「不過我看你現在這個樣子，應該也不會想來我這邊上班了，不然你去別的地方上班吧！」

我的確也不想再當代書了，當時我弟在台慶不動產，已經做出很好的成績，剛好他準備要跟幾個夥伴一起出去開店，我問他可以算我一份嗎？不料他卻斷然拒絕。

　　說起來，我們從小吵到大，我常跟人說我們感情不睦，其實應該是個性上的差異，也讓當時的我們還不到可以一起工作的程度。

　　雖然拒絕我的加入，但他還是有求於我，要我幫他們擬合作契約，他們幾個人合夥開了一家仲介公司。我繼續經營那規模很小的「豪傑不動產」，後來認識了幾位自營的仲介，逐漸跳槽來我公司，漸漸地也開始有業績了。

　　在我有業績的同時，我弟的公司出現狀況了。原來他們幾位合夥股東彼此信任度不足，開始意見不合，我

順勢問他：「要不要回來一起做？」當下我心裡也想，將來有機會拓展規模時，一定要堅持獨資，避免後續引發的糾紛，不但失去朋友，還可能危及事業。

在我問弟弟要不要回來一起做的時候，心裡就有加盟台灣房屋的計畫，我也將這個計畫告訴他，他同意了，我還另外找了幾位志同道合的夥伴。

2021 年 3 月，開局七個人，就這麼熱烈為開店做準備，購買辦公室器材、聯絡裝潢、水電師傅，看著店面一天一天成形，我的心裡總算踏實許多。

想到之前捨近求遠到泰國賣房產、開班授課教大家買房技巧，雖然說都以失敗收場，但累積了這些經驗，相信可以成為將來成功的墊腳石。

# 新店一開張，就遇到三級警戒

2021 年 5 月，我的全新加盟店在屏東市中正路正式開幕，熱熱鬧鬧的辦完開幕儀式，鞭炮放得震天價響，原以為可以大展宏圖，正式開啟新的事業版圖，沒想到 5 月中，臺灣新冠肺炎疫情第一次告急，三級警戒來了。

當時臺灣第一次面對新冠肺炎出現大量的感染者，在沒有經驗值的情況下，政府或民眾都不敢掉以輕心，宣布三級警戒後，即使在屏東市區，也都像空城一般。

站在中正路上，紅綠燈都可以當作參考的，因為

放眼望去，根本不見人車，華燈初上，原本車流不息、人聲鼎沸的街區，晚上 7 點時，就猶如已經半夜 12 點般靜寂，如同電影畫面般不真實的場景，就是每天的日常生活。

這時候，原本談好的委託案也叫停，沒有人敢出門看房子，就算想去看房子，房東也絕對閉門不見，畢竟沒人會拿自己的健康與生命開玩笑。可是我的店才剛開幕，一開幕就落得門可羅雀，真是太不吉利了。

為了創造店裡生意興隆的景象，我二話不說去跟銀行貸了 100 萬元，不只讓既有的業務人員有固定收入，還新徵了許多受疫情影響賦閒在家的年輕人到公司上班。

「根本沒生意上門，他們要來做什麼？」什麼工作都不用做，每天晚上時間一到，量過體溫，確認健康狀

況後，換上制服的他們，只要在店裡來吃喝玩樂。

有時候我會在店裡陪他們一起聊天，即使我提早回家，當他們玩累了要下班，只要通知我一聲，我用手機就可以完成店裡的保全系統設定。

當時公司還沒有正式承接案子，檔案櫃裡空空如也，因此就算我不在，也不需要擔心機密文件外洩的問題。冰箱裡的飲料倒是三天兩頭補貨，零食、泡麵也都供應俱全，我甚至還買了一臺 PS5 讓他們玩。

外面的招牌燈一到傍晚照常打開，直到他們下班再關燈，而店裡的燈光也都天天開著，即使沒有生意，也要讓店裡有生氣，不讓外在環境影響內部士氣。

我相信，就算沒有實際的進帳，光是跟這一群夥伴每天在店裡聊天玩耍，讓整間公司充滿人氣，我自己的士氣就不至於因為一開店就出師不利而受到打擊。

　　就算每天都在燒錢，這筆錢絕對不是無意義的亂花，而是幫助我在開店前期，業績毫無著落的情況下，也能夠保持昂揚鬥志，不會因為沒有案子而輕易喊停。

　　此外，我也請他們穿著制服出遊，不管到哪裡都要打卡上傳，並且 tag「台灣房屋中正豪傑店」，透過社群的力量宣傳，並打造出品牌形象。

　　三個多月的三級警戒解除，他們也回到原本的生活裡各自找新工作，有時候我會想，這些年輕的孩子在日後回想起那段日子，上班時在店裡免費吃喝玩樂，還有薪水可拿，究竟是夢幻工作，還是荒唐的一場夢呢？

　　三級警戒過去之後，加盟店的營業開始步向正軌，那段時間，公司的業務蒸蒸日上，幾位夥伴也都跟著賺到錢，雖然後來因為個人生涯規劃，至今還留在公司的原班人馬只剩下我弟，但我還是很感謝當時他們

的相挺。

而另一件有趣的事情就是，在三級警戒的那三個月，我的「打腫臉充胖子」策略，帶出了意外的效益。原本我只是想在開店初期，創造出業績滾滾的表象，即使賠錢也要讓店面看起來生意很好，業務人員個個忙到深夜。

然而讓我意想不到的是，在他們不斷打卡上傳的過程裡，無形中打造出「台灣房屋中正豪傑店」的品牌形象，至今在業界，仍普遍認為我們店裡有很多年輕人，說實話，並沒有。

這個現象讓我發現，品牌的打造有時候也是無心插柳，就如同我從法律系畢業後，從事代書工作、賣雞排、做直銷，考到不動產經紀人證照後，還沒成為專業仲介，陰錯陽差就成了買賣房屋的專業講師，而經歷一

連串的挑戰之後，我終於成為正式的不動產經紀人，更在疫情三年中開出了兩家店。

這段經歷也讓我體會到，並不是從小立志做什麼工作，長大後就一定能夠如願從事。我曾夢想當廚師，在成長過程中不斷有機會接觸到餐飲行業，最終仍舊沒有成為專業廚師。就讀法律系，想在日後成為法律工作者，了解到必須透過重重考試，才能完成心願，我終於選擇放棄法律。

「難道不覺得可惜？」常有人這樣問我，我總是笑笑說，不會，因為這段經歷，讓我更認清楚自己想做什麼事。

退伍後跟著父親學習代書相關事務的過程中，我也理解到人間萬事，要處理的核心就是人，人的問題百百款，只有直搗問題的核心，才能夠真正解決，讓人、

事、物圓滿。

在這段過程，我學習到看問題不能只看表面，而是要深入去探索，才能找到不同的答案。當我們願意用不同的角度、相反的方向去檢視問題時，事情的真相，往往跟我們預想的不一樣。

從代書轉向到成為真正的房仲經理人的過程，我經歷過客戶的刁難、同業的中傷、同事的離去，也曾一度心灰意冷，想再另謀出路，後來的種種際遇，反而推著我與房仲經理人靠得更近。

了解越多房仲業的現況之後，我發現到內心升起更多的使命感，我想用自己的法律專業，加上在代書事務所處理過的業務為基礎，幫助想要買賣房屋的人們得償所願，順利買到理想中的房屋，或者如願以預想的價格賣出手上的房產。

　　短短 3 年間，我在業界看到許多不符合道德與法規的作法，揭開這些作法的內幕，並非我寫作此書的本意，但我期盼透過這本書，讓讀者認識到房仲業，無論是想要買賣房子，或者成為專業的房仲經理人，都能從本書中得到養分。

　　最重要的是，期盼透過我一人的發聲，影響讀過這本書的你，一起提升房仲產業的形象。

# 第三章

# 給房仲新手的 10 大建議

業務可以銷售的商品成千上萬，我認為最值得投入的就是房仲業。

為什麼你應該要投入房仲業？為什麼是賣土地、房子而不是別的？同樣都是業務，可以去賣車子、賣電器，甚至投入直銷，能賣的東西更是五花八門，每個人適合賣的產品可能差異很大，但我認為，如果可以選擇的話，我會建議到房仲業。

## ・沒有天花板的產業

假設你負責推銷產品，每賣出一件可以獲得 100 元獎金，依據你滿意的收入來定，假設 1 天要賺 3000 元，你就知道要賣出 30 件產品，才能賺到符合需求的收入。

同樣是業務性質，賣房子這件事情卻是沒有天花板

的，100 萬元、1000 萬元到 1 億元的房子都可以賣，
因為沒有價格極限，讓工作也充滿挑戰性。

## · 充滿驚喜的行業

比起銷售其他產品如保險、汽車，無論是誰買誰
賣，產品都是一樣的，而不動產則充滿了無限的驚喜，
因為每個人都是獨一無二的，每間房子、每塊土地也
都是世間僅有的，可以說每件商品都是最後一件，售
完即止。

為什麼會充滿驚喜呢？在不動產銷售上，很可能你
會遇到某個客戶跟你說，他的預算只有 500 萬元，在
看房過程中，透過你的服務，讓他最終成交了 3000 萬
元，這就是我所說的驚喜了。

## · 讓你成為指標性人物的職業

當你在不動產行業做久了，就能夠成為親友圈中的指標。不動產是個具有高度專業性的行業，每位從事者都必須不斷精進自己的專業知識與技能，才能提供適切而周到的服務。

久而久之，你就能成為在親友圈中的指標人物，每當有相關的問題，大家都會來請教你，解決問題的過程也可能就成交了一筆案子，不需要再費心開發，就能夠有源源不絕的客戶上門。

身為新手不動產經紀人，你需要一段時間才能建立起穩定的業務，只要透過努力與堅持，在這個競爭激烈的行業中一定能取得成功，以下是我給新手房仲的 10 個建議：

# **1** 建立正確的心態

---

成為不動產經紀人的第一步，最重要的是心態。

要有破釜沉舟的決心，投入時，不能抱著「我來這裡試一試」的態度。

常言道：「態度決定高度。」態度將影響你的一言一行。當你心裡想著：「我試著做做看。」表現在工作上的積極度、專業度就會有所影響，進而讓客戶對你的信任度打折扣。

一個人一輩子可能就只買賣一次房，這樣重大的人

生決定，他絕對不會交給一個抱著姑且一試心態的不動產經紀人來幫他處理。

　　一旦你決定要投入，請先將心態調整好，用一生懸命的決心，「一旦加入，就當成一輩子的事業來經營！」成為房仲業的菁英。

# 2 準備四個月生活預備金

心態準備好之後，讓我們先回到現實。

房仲是一個沒有底薪的業務工作，要投入之前，就要先準備好半年的生活費，或者至少是四個月的生活費。為什麼是四個月呢？因為第一個月是你的適應以及密集學習期，第二、三個月則是跟著學長姐實作。

一般來說，我認為會在第四個月才會有第一筆成交的案子，運氣好的話，也許在第三個月就成交，當然，那就看你在這段時間付出多少努力了。

在房仲養成的過程中，不太可能讓你有額外的時間去打工，只有全心全意投入學習與實作，才能有機會在短時間內取得收入，千萬不要想著下班後要去哪裡打工賺生活費，因為你不是好萊塢等著試鏡機會上門的演員，一旦進入房仲業，你就是要扮演主角了。

或許有人會說，就是缺錢想賺錢，才會立定志向當房仲，如果還要準備四個月生活費的話，這輩子豈不是別想當房仲了嗎？其實在沒有底薪的加盟店之外，你也可以去品牌直營店應徵。

臺灣目前幾個有品牌的不動產仲介公司，包括台灣房屋，都有提供新人培訓期間保障幾個月不等的基本底薪，這些品牌提供的基本底薪，基本上都優於一般的工作薪資，一個月會有 5 萬元左右的收入。

試想一下，要在一家公司拿到一個月 5 萬元的收

入，你得具備哪些專業或甚至要加多少班才能取得？品牌直營店給新人這個薪水，要求自然也不會太低，只是跟其他產業相比，要得到 5 萬元收入就得貢獻相應的能力。

而在房仲業，要得到這份基本收入，而且一般來說最長可達九個月，你需要的不是貢獻能力，而是配合公司的培訓，培養出堅實的基本功，取得未來為自己的人生開創新局的能力。

坦白說，要取得這份能力不容易，這也是我為什麼說要建立正確的心態之後再投入的原因。當公司給你資源又給你高薪，自然有權力要求你按著進度學習，盡快取得接單成交的門票。

近年來，大陸流行一個說法「996」，意思是說每天上午 9 點工作到晚上 9 點，一週 6 天，聽起來很血

汗是吧，在房仲業的養成期，這種工作時數，可能也是家常便飯。

你覺得工時不合理嗎？那麼請再想想，為什麼你要投入房仲業，不就是為了壓縮成功的時間嗎？可以快，就不要慢，直營店在幾個月內幫你養成紮實的基本功，就是要讓你在一年之後感謝一年前的自己。

嚴格的學習要求、刁鑽的績效考核背後，其實蘊藏著豐富的教育資源，只要你把握住，就取得頂尖房仲的入門票券了。

回過頭來講加盟店的部分，假設你手上還有半年的生活費，你選擇進到加盟店裡學習，就有兩個重點需要留意。

第一個是加盟店東有沒有提供教育的資源？這個問題乍聽之下像是白問的，哪個店長會不盡心竭力給予

員工最好的培訓來創造業績呢？不過因為每個加盟店長各自的資質與資歷不同，領導管理的能力也就有高下，所以能提供的教育資源就會有差別。

加盟店不像直營店，能提供讓生活無虞的底薪，這也是為什麼我說要準備生活費的原因。

不過加盟店雖然沒有底薪，然而只要日後一旦有了業績，可以領到比直營店更高成數的獎金，做好前後的評估，再來決定要進入直營店或加盟店。

另外一個重點就是，加盟店中有沒有學長姐帶著你跑業務？假設你學得快，或者本身的人脈夠廣，業務能力遠遠超出你取得相關證照的速度，也許在你通過不動產經紀人認證之前，就有訂單成交，那麼這個帶著你跑業務的學長姐，就扮演著很重要的角色。

沒有證照就不具備不動產營業員的資格，但偏偏你

的業務能力夠強，很快就促成交易，業績自然就要掛在學長姐那裡，除了學長姐願意跟你對分業績獎金（利的部分），你也要能夠接受學長姐成為業績百萬的經紀人（名的部分）。

儘管是兩個人一起促成，甚至你的因素還更高，但你要能夠為他的成功慶賀，因為你還沒有考過證照、沒有登錄，自然無法掛業績。

請你一定要拆掉內心的小劇場，「我的功勞比較大吧？」、「這明明是我開發出來的。」、「為什麼我不能上臺接受表揚？」因為你就還沒有到達那個層級啊，你還沒有證照，公司也沒辦法幫你印名片，記得嗎？

這種情況並不是特例，未來也會持續發生，在我帶的團隊中，通常是喜劇收場，因為我一開始就會告訴新人跟老鳥，彼此信任、互相成全，因為成全他人，才能

成就自己。

　　而為了避免可能發生的糾紛，在新人與舊人合作時，關於權利與義務、表揚榮譽與獎金的分配，我也早已訂定出彼此同意的規則，循著規則走，不要有模糊空間，才能皆大歡喜、共享多贏。

# 3 抗壓性要夠高，要用心不要走心

---

身為房仲業務，或者說任何一種業務，最重要的就是用心，只是，偏偏在你用心為客戶著想時，往往會真心換絕情。

講到「真心換絕情」時，你當下第一個反應應該是被拒絕吧！對房仲業務而言，每天都會遇到被拒絕的事情，被拒絕已經不會是讓人感到難過的事情了。

真正會讓人走心的，應該是遭到客戶的反悔，明明前面都談定了，卻在最後一刻翻盤的狀況，最容易讓房仲業務感到崩潰，因為這往往代表前面的努力都

白費了。

比如說客戶跟你講定 500 萬元要買，回去跟家人討論之後就不買了，甚至是直接把你封鎖不再聯絡。或者講好 500 萬元要賣了，回去跟親友討論一番，馬上翻盤說：「我現在要 600 萬元才要賣。」

為了預防反悔的狀況，我們在前面就會白紙黑字簽訂契據，就是要保障業務員的權益，但有時候，儘管有這些契據，還是無法阻擋客人反悔的意志。

通常這類客人來到店裡找我們協調時，我們要避免將情緒帶進去，不要想著自己為對方付出那麼多、對方應該知所回報才對，就只要記得，從個案中跳脫出來，當作「一件事情」去處理，再來分析出問題背後的答案。

我認為，「反悔」最主要的原因就只有一個：「對

你不夠信任。」

為什麼客戶跟你走了前面的流程走了那麼久，到最後要成交的關頭卻反悔了？就是因為對你的信任度不夠。

當然有人會說，比起業務員，家人的一句話可能影響力更大，跟信任度有什麼關聯呢？房屋買賣是人生最大的交易，背後也藏有許多專業眉角，除非客戶親戚家人也懂房仲業務，不然的話，專業度不應該比你高才對，為什麼寧願相信親戚卻不相信你？

因此遇到事情時，除了盡力跟客人協調挽回，我們也應該要自我反思，為什麼他對我的信任度不夠高，為什麼他那麼容易就受到別人影響？我是在哪個地方沒有表現出讓人信任的行為，或者是因為什麼動作沒有做到，讓客戶無法對我完全放心。

有時不是信任問題。

我將一筆房地產交易的完成度分為幾個階段：簽約之前完成 20%、簽約之後完成 50%、雙方付款結案完成度為 95%，收到服務費後 1 個月，客戶入住後一切都沒問題，才算把案子 100% 完成。

當一件案子的話題已經繞著價錢打轉時，意味著即將要進入下個階段了，但往往在這時總是會冒出程咬金來，除了前面說到的親戚友人，也有可能是宮廟裡師兄、師姐，或者是經由哪位神明指示，讓原本應該要順利往下走的交易戛然而止。如果是因為神明的指示，你更不需要走心了。

即使是資深的房仲，還是有可能遇到客人在途中反悔、不講理的狀況，公司最近就有一個例子，買賣雙方已經談到要去公司簽約，接著要先繳付相關費用，其中

一位委託人，把文件簽一簽說句：「我出去領個錢。」
人就不見了。

追到人才知道，原來是對方認為某些費用收得太高了。

「我們在請您簽服務確認單時，有跟您說明內容喔！」

「我當時沒有聽清楚啊！」

也有類似這種反悔的例子，雖然說確認單上白紙黑字，我們其實還是會以和為貴，只要客人將原本自己該付的規費費用付清，至於我們因無法成交而沒領到的仲介費，就等下一筆案子完成再領吧！

# 4 堅持到底的意志力

—

不動產經紀人是個倒吃甘蔗的行業,只要兩年沒有陣亡,基本上就不太會陣亡了。堅持很重要,好像不管到哪個產業,都會說堅持到底就能成功,很多人一聽到堅持,恐怕都覺得老生常談,根本無感了。

「堅持」是非常容易看到的兩個字,要做到卻十分困難,很多人在經營初期已經累積出足夠的專業與經驗,就只差臨門一腳的成交案件,如果不能再多堅持一下,結局就會像是古人說的「功虧一簣」。已經下了99%的功夫,最後的這 1%,就只要靠兩個字「堅持」

去完成了。

隨著人脈與口碑不斷累積，在既有的客群中，也會有轉介紹的新客，真的不需要擔心哪天會有將業務做完的一天，要等那天的到來，請先堅持兩年，再來驗證自己堅持的成果。

在成為店東之前，我也曾經是個房仲菜鳥，在開了自營店「豪傑不動產」之後，我身兼老闆與職員，一切從零開始。為了深入了解市場，我用土法煉鋼的方式，將屏東市的大地圖印出來貼在牆上，一戶戶的走，一天走兩個鄰，挨家挨戶的拜訪，走過的地方就用色筆標註，直到全部走完，這件事也體現了「堅持」的意義。

當然，開了店之後還有其他的事情要處理，不可能從早上九點走到下午五點，我是利用下午三點多到五點這段太陽比較不那麼炙熱的時段去走。我不會特別去拜

訪里長，因為里長要處理的事情比較多，而且他是有領薪水的，一定是公務優先，像我們這種業務員去找他聊天，通常都會被冷處理。

要找的話就找鄰長，鄰長通常是里長拜託他出來做的，明明無給職，為什麼他還願意當鄰長？就是因為他的個性比較雞婆，願意跟大家打成一片，而他的消息也最靈通。

選擇在下午三點多出去走市場的原因是，那個時間點，街坊鄰居會出來屋外乘涼聊天，這時候心情非常放鬆。我走過去當然不會直接問有沒有房了要賣，而是說：「我是賣房子的，這裡可以借我坐一下嗎？」

不等你再開口，大哥大姐就會開始問你問題了：「賣房子都要出來沿街走喔？」、「天氣這麼熱，要喝點涼水嗎？」自然而然就打開了話匣子，可以從高麗菜

價聊到對方的衣服與髮型。

我就是在那段時間養成了不怕生的性格,隨時都可以跟陌生人開口聊天,也知道怎麼聊天可以讓對方沒有壓力,願意跟你繼續聊下去。堅持走了一年多,把屏東市的地圖都畫上了標註,對街景也都非常的熟悉,網路上看到房屋案件,憑著街景我就知道位置在哪裡了。

培養了這個基本功後,讓我日後在處理委託案件時,總是可以很快就解答客戶提出的問題,比如案件附近有哪些學校、公園、賣場等,對照他們最需要的生活機能,給予看房時的建議。

反過來說,也因為曾經深入市井,聽過某些社區的管委會對住戶不甚友善,或者哪裡有奇怪的鄰居等,都能夠知之甚詳,無形中讓客戶對我的專業度與信賴度提升不少。

# 5 精進專業知識

成為不動產經紀人之前，每個人都已經卯足全力讀了不少書，才能通過考試，拿到證照。然而並不是考到證照就一勞永逸了，我必須說，考過證照只是跨過成為房仲經紀的門檻，在房仲領域還有探索不盡的無窮知識等著你去開採。

無論是哪個品牌，總部一定會提供各種教育訓練資源，個人要不要去學，自己可以決定。店東一定會有很多額外的上課資訊，願不願意去學習也是操之在己。

「如果我有 8 小時可以砍 1 棵樹，我會花 6 小時

把斧頭磨利。」美國前總統林肯曾說過這句名言。把斧頭磨利的過程，就是精進專業知識，假如你拿著斧頭不斷砍樹，以為這樣可以盡快把樹砍倒，結果是會適得其反的，因為斧頭用久了會鈍，鈍了之後還持續砍樹，只會事倍功半。

房仲市場裡的資訊不斷在變動，建築法規、地政稅務法令和不動產法律也會修訂，其他經營上的觀念與技巧也會隨著時間推移而調整，如果只知道每天勤勞跑市場，忽略了學習的重要性，很可能就會讓自己突然被趨勢拋在腦後，反而增加成交的難度。

千萬不要讓自己陷入「書到用時方恨少」的窘境中，進入這個行業，同時也就進入不斷學習的過程，除了品牌或店東提供的課程之外，社團、工會都會有進修課程，隨時留意相關資訊，才能避免錯過重要的學習機會，與時俱進讓未來的業務推廣更順利。

# **6** 選定並培養個人專長與特色

在不動產仲介領域逐漸站穩一席之地後，我會建議可以專攻一項專長，所謂的一項專長，跟專業知識不同，而是你專精服務的領域，比如農地、廠房、住家、辦公室、店面等。

假設你要專攻住家，那就選定單獨一、兩個社區，只要有 500 戶，就會有無可限量的客戶可以延伸了。500 戶代表有 500 個家庭，粗估就有 1500 個客戶，加上他們的親友，你幾乎無法想像會延伸出多少客戶來。

在延伸出客戶的廣度之前，要先將深度做出來。

挨家挨戶的拜訪是基本的，年節社區辦活動時提供抽獎的禮品，沒事就到社區裡跟住戶聊天，將社區裡的大小事都了然於心，每一位住戶的名字都叫得出來，甚至當有人問這個社區裡的某間房子，你就能立即講出房子坪數、格局等，要做到比管理員更了解社區居民。

跟四處開發比較起來，經營社區會耗費較多的心力與時間，然而當信任度一建立起來，就可以在社區中取得無法取代的地位。

跟管理員相比，你更知道各住戶家裡的狀況，從家裡的陳設到孩子上了哪所學校，每一戶人家的資訊，都會比里長跟管理員還要清楚。

當你成為這種讓客戶信任的角色時，住戶遇到相關問題，第一個會先諮詢你，而不見得會去找管理員或里長，此時你就成為他們生活中不可或缺的角色了。

這家有買房需求、那家有賣屋意願、誰家的親戚又有哪些房地產買賣需求，在你深耕了一個社區之後，消息很難不自動傳到你這裡，根本不用費心開發，你就有接不完的案件了。

而事實上，專攻一個社區，意思並不是你只賣這個社區的房子，而是當你讓這整個社區裡的每個人都成為客戶之後，就能延伸到無數的社區去。

比如你專攻臺北的「淡水河」建案，客戶的親戚也許在宜蘭的「冬山河」社區有房子要賣，或者想要找高雄「愛河」的建案買房子，就都有機會找你協助，為他們篩出理想中的房源，進而完成一件又一件的買賣。

## 鮮明特色＋專業＝個人品牌

用主力品牌打造出個人特色，再加上專業，你的個

人品牌就會鮮明起來。

我們再回頭講「專業」，所謂的專業不是你自以為懂得多少東西，而是在客戶面前，他們覺得你懂得比其他人更多的東西。

假設要出租房子，找 10 個仲介，10 個仲介都有能力幫你找到適合的租客，但是如果你在這 10 個人當中，懂得比其他 9 個人多一點，你的勝算就會大很多。

比如租屋合約裡的細節提醒、違約時該怎麼處理、水電費算法、租屋補助、搬家費用等，租屋相關的所有話題，你都可以主動給客戶意見並提供協助。

只要做得比別人多一點，你在客戶面前就建立了特殊性，這個特殊性就成為你的個人品牌的一部分。

如果你專攻農地，就要了解相異的土壤、土質適

合種植哪些作物？最近有哪些農作物可以申請補助？填土、擋水工程，水電怎麼牽、路權、界址問題，都要能夠適時給予客戶提點與建議。

甚至，如果你能認識值得信任的相關上下游廠商，在適當的時候介紹給客戶，讓他們節省處理問題的時間，也不怕因為找到專業不足的廠商而走冤枉路。

# 7 不要以貌取人

—

相信大家都聽過類似的故事：有一位穿著短褲、拖鞋的老先生，走進歐洲名車的展售場裡，在場的業務員對這位看來不起眼的老先生並不怎麼熱絡，老先生卻在幾分鐘之內就下訂了一臺要價數百萬的名車，讓所有的業務銷售員瞠目結舌。

或者在名牌精品專賣店裡，店員對穿著普通的顧客態度傲慢，豈料顧客一出手就買下百萬元的名牌包，讓以貌取人的店員羞愧得無地自容，這類的故事在不動產行業中也屢見不鮮。

　　的確，以貌取人是人之常情，畢竟我們判斷一個人的身分背景，靠的就是第一印象，這也是為什麼銷售人員要更注重自己的服裝儀容，從外在穿著展現出自己的專業，而不是讓顧客一看到你，就覺得這個人看來不可靠，跟你買東西可能不太保險。顧客對業務以貌取人那是人之常情，不過業務對顧客以貌取人，可就犯了天條了。

　　常常有一種狀況，西裝筆挺、皮鞋擦得閃閃發亮的青年，走進店裡要看房子，你以為是個大老闆富二代，一問之下才知道手上根本沒有現金，買房子還要全貸；而穿著拖鞋，衣服上還有汙漬的歐吉桑，進店裡要看農地，看完下訂卻是全現金支付。

　　這樣說，並不是代表每個西裝筆挺的客人都會需要貸款，也不是一身農夫裝扮的人就會手握現金，而是要提醒你，不要從外表去判斷客人是否「買得起」，也千

萬不要預設客人手上有多少預算可以買房。

2022 年，我們店來了一位操著外省腔的老先生，走進來不發一語，也不是很想理我們，他就靜靜看著店裡的案件照片與資料，看到喜歡的，他會開口詢問：「這塊地多少錢？」

聽了答案之後，他也不多說什麼，又繼續自己看著案件資料，後來選定了 3 筆相鄰的土地，問完價格後，跟我們說：「這片地我特別喜歡，我回去考慮一下。」

看到這個畫面，你會不會覺得是哪個無聊的老先生，下午沒事來店裡找人聊天，而不將他的話放在心上？事後證明，還真的得放在心上，因為他沒有考慮多久，當天晚上 8 點就打來店裡，請我們到他家去收斡旋金。

當時還有好幾個朋友在他家，原來，他是公家

機關的退休員工，跟另外兩個同事想要一起買地做休閒農場。

這幾位老先生手上都有現金，完全不需要貸款，處理過戶流程就簡單得多，需要我們協助的部分就是幫他們找廠商，來協助翻土、除草、接水電等作業。

聽到他們開口，我們就立刻協助他們打電話給認識的廠商，順利對接之後，很快就幫他們解決後續土地問題，這是一筆輕鬆又皆大歡喜的案件。

# **8** 不要預設立場

▬

　　這一點跟以貌取人有點相似，但又是另一個層次的問題。以貌取人是從對方的外在條件來判斷對方是否有能力買屋，而預設立場則是在對方開出條件、預算之後，就被這些條件給自動框住。

　　用名牌店的例子來說，就是顧客來店裡詢問：「10萬元的包包在哪裡？」於是你就推薦他價位 10 萬元左右的包包，如果沒有多加詢問他買包包是為了什麼，也許最後售出的就是 10 萬元包包。

　　但如果多聊幾句，了解了顧客買包包的原因，也許

他最後花了 50 萬元買下包包，還覺得物超所值，並且感謝你的推薦與介紹。

買賣房子也是如此，客人來到店裡告訴你，他有 500 萬元的預算，想要你推薦他適合的房屋，如果你沒有深入去了解客人的需求，只是聽話照做，按照對方開的預算幫他找房，很可能最後也不會成交。

原因很多，也許房源本身就不佳，讓他覺得每間房都不符合他的需求，或者種種內外在條件，讓他覺得不想買。

再想想，有沒有可能，其實他需要的房子不是 500 萬元的，也許是 1000 萬元，甚至可能要 3000 萬元。別以為這是在說笑，客人說要 1000 萬元買房，最後成交金額是 3000 萬元的例子很多，當我們努力幫客人找到理想中的房子，他們可不會說：「我要 1000 萬元的

房子，怎麼給我 3000 萬元的？」而是：「感謝你的細心周到，讓我買到真正想要的房子。」

幫客戶買屋時，不要預設立場，賣屋時也是同樣道理。之前接過一個新的建案，屋主開價 1480 萬元，我的底價是 1350 萬元，來了個客人要這個建案，他一開口就是：「1000 萬元，不會再加。」我們連忙跟他說，這種價格屋主怎麼可能會賣呢？但這個客人非常堅持，他一定要用 1000 萬元買到。

我們居中跟屋主斡旋，從 1350 萬元開始降，一次降 50 萬元，再去跟買方談，買方從頭到尾沒有改變立場：「我就是要用 1000 萬元買，而且他一定會賣！」

這個過程大約花了 2 個月的時間，一路談到了 1050 萬元，買方說：「你問他，要不要降到 1000 萬元，我就是堅持要用 1000 萬元買，而且到了下星期，

我就不買了。」

　我不懂為什麼買方還訂下最後的降價期限，眼看著那一週剩下兩天，我又去跟屋主確認：「再降 50 萬元，他就會買了。」果然最後屋主答應用 1000 萬元售出，但已經過了當週買方設定的期限，他也果斷的說不買了。這是一個奇妙的經驗，那位堅持要用 1000 萬元買房的委託人，在說完「期限已過，我不買了！」這句話之後，就沒有再出現過了。

　至於已經答應降價到 1000 萬元的屋主，我們後來用 1180 萬元為他將房子售出，雖然跟他原先設定的 1480 萬元有差距，但也比他後來降到底的 1000 萬元，多了 180 萬元。

　無論是站在買方或賣方的立場上，都不需要為他們設限，在這個案件裡，買方原本就是非 1000 萬元不

買，而他對賣家將房價降到他理想中的價格，也有萬分的把握。

然而，這時在我們心裡卻「幫」他覺得，買方不可能將房價降得那麼低，油然而生的想法是：「真是痴人說夢，賣方怎麼可能降到這麼低的價格？」

這個念頭讓我們再去跟賣方談的時候，展現出來的不確定感，就會讓自己的說服力降低，也讓賣方覺得：「我不一定要降到那麼低，因為買家應該是隨口說說的吧？」

但是在這個案例中，買家還真不是隨口說說的，他不只十分篤定賣家就是會把價格降到他滿意的程度，甚至開出最後通牒：「這星期價格如果沒有到我要求的數字，我就不買了。」他講得斬釘截鐵，我們卻沒有真正聽進去，甚至還覺得他的要求太荒謬，根本不可

能辦到。

但他真的是亂出價嗎？如果是亂出價，為什麼賣家還願意用這個價格賣？當賣方終於點頭將價格降到 1000 萬元，卻為時已晚，買方拂袖而去，這絕對不是我們想看到的結果，但是卻發生了，因為我們從心底就認為這是不可能的價格。

因此，不要預設立場，絕對是房仲經紀人非常重要的心理素質，遇到任何狀況，都先別說不可能，因為在這裡，你可以將無數的不可能化為可能。

# 9 珍惜遇到的每一位客戶

———

我認為在心態上,你要珍惜每一位遇到的客戶。沒有成交的,感謝他給我們學習的機會,讓我們從未成交的案件中得到經驗,奠立將來成交的基礎;而成交的客戶,我更會將他們當成一生的貴人,每年都會手寫生日卡片寄給他們。

在這個三節加上耶誕節都只會傳貼圖問候的年代,當你生日時收到生日卡片,是不是會覺得很感動?而我將自己珍惜客戶的心情,轉化為實際行動就是寫卡片,不間斷的每年都寫,客戶收到時也許不見得有回應,但

他至少知道你還記得他。

而當客戶傳訊息跟你道謝時，就多了一個機會問候他現在的生活，如果他有親友剛好需要買賣房子，也許就會介紹你去協助處理。

六年前我第一個成交的客人，後來他們家房子的大小事都是我在協助處理，最近他也跟我提到親戚房子的事情，要我過去幫他看看。從經營顧客關係中，我們可以把轉介紹的威力發揮到最大。

不過這裡我想說明，經營客戶關係，不能用他會幫你轉介紹為出發點去做，當你心裡存著這種對價關係，兩者的關係就不純粹了。

就算你沒有表現出來，心裡也會產生出：「服務了這麼久，怎麼都沒有幫我轉介紹？」但對方本來就沒有要求你要經營雙方的關係，換個方向看，人家可能還想

說你有點煩人，所以要不定時問候客人時，也要拿捏好分寸，不要讓客戶覺得被騷擾了。

懷著感恩與不求回報的心，去為客戶付出，即使只是每年寄張生日卡，對方都能感受到你的用心，平時沒事也不需要發什麼房屋買賣的資訊，倒是可以提醒今年的房屋稅、地價稅繳交截止日等，讓對方覺得你在適當的時刻，給予適切的服務，自然而然延續你們的關係。

客人轉介紹客戶給你，成交後要不要包紅包給對方呢？我會說：「不一定。」雖然我自己都會包，但不是每個轉介紹客人給你的老客戶都是存著：「我介紹客人給他，他應該會包個紅包給我吧！」

這就跟你有求於客人，所以才關心他一樣的意思，當你發現對方常轉介紹客戶給你是為了收紅包謝禮，你也會感到有壓力的。

因此，在經營長期客戶關係時，我都會提醒同事，用無私且不求回報的心態去做，將對方當成老朋友一樣關心，讓他知道你還堅守在房仲業，未來他身邊的人若有需求，絕對不會忘記還有你可以助他一臂之力的。

為什麼跟你買比較貴，客人還要跟你買？

買房時，有兩個仲介跟你開不同的價格，你一定會選擇比較便宜的那位，這是很基本的常識對吧，要是我也會選便宜的買。但我就遇過一個案件，我開的價格比另外一家房仲的價格多 50 萬元，但買方反而跟我成交。

為什麼客人最後會選擇跟我買呢？那是總價 1000 多萬元的房子，我告訴他，為什麼他應該多花 50 萬元買下來。我說，如果你沒有多花 50 萬元買下來，只要跨過一年，你就會後悔。

因為這個社區已經 3 年沒有案件出售，好不容易有了一間出售，現在買的話，會是實價登錄最高的一間房。而在 2 年後，在同社區一定會有比這間售價更高的房出現，到時如果要再賣，行情一定比現在至少再多 200 萬元以上。

我跟他強調：「你現在如果不以這個價格買下來，會非常可惜！」聽完我的分析之後，他跟我成交了。

後來的事實證明，我說的是對的，那位客人買下那間房之後，社區裡再出售的房子都跟著水漲船高，現在已經漲到超過 2000 萬元了。

如果今天一間總價 500 萬元的房子，要客人多花 50 萬元買下來，他一定會考慮，畢竟總價要多 10%，但若是 1800 萬元的房子，要多花 50 萬元買，對方如果說沒有這 50 萬元預算，通常不會是真的，他不願成

交，一定是你的分析論點沒有打動他。

　　在跟客人談價格時，出發點非常重要，你絕對不能只想著成交後要賺仲介獎金，而是要幫客人想到，他成交這間房子後，對他有什麼好處？就算談了兩個月對方還是不肯買，我也尊重，但我還是會表達我的立場：「你沒有買真的很可惜，我還是要再說一次，這個價格一定要買下來，不然以後肯定會後悔。」

　　將我該說的話說出來，就是我應盡的義務，很多時候，就算沒有成交，之後客人還是會回頭來找我，因為他發現當時我給的預言或建議，都應驗了。

# 10 加入社團跟成功人士學習

　　加入中小企業協會、扶輪社、新創協會等社團，目的不是為了認識企業老闆，讓他們委託我們買賣房子，因為他們大多都有自己配合的業務了，要期望他們將單子轉給業務菜鳥，有點不切實際。

　　我認為，加入這些社團最重要的意義不是開拓客源，而是跟優秀的人學習，提升自己的格局。

　　在社團中，跟各行各業的人聊天，或即使只是在一旁聽他們怎麼聊天，從他們談笑風生的對話裡，就可以學到怎麼用幽默的談吐，又能講出有料的內容，也學習

他們怎麼整合資源與人脈，與待人處事的「眉角」。

即使在不同行業，年齡也有差距，這些成功的老闆們在言談中展現的智慧，就是我最想學習的內容。我從來不會期望他們介紹客戶給我，而從這裡得到客戶也不是我的目的，光是從他們的談話中，我就學到比業績更重要的東西，那就是拉高自己的格局。

房屋仲介是個很奇妙的產業，在這裡你會遇到各種狀況，面臨各種挑戰，克服了一切困難之後，也會得到沒有極限的獎勵，而在得到沒有極限的獎勵之前，就得先學習與付出，你可以在這個行業獲得不可思議的收入，但是你必須要先有不可思議的付出。

第四章

# 仲介買賣時的 6 大重點

買賣房子，對 99.9％以上的人來説，是他們人生之中最大的買賣，也可能是畢生唯一一次的大買賣。身為房仲經紀人，首先要了解這一點，才更能體認自己在客戶買賣房子時扮演的重要角色，甚至，我會説是神聖的角色。幫助人們完成一生中最大筆的交易，讓他們住進理想新房，朝著未來幸福的方向走去，你説，房仲的工作是不是很神聖？

在這一章，我想先給仲介新手幾個提醒，幫助新手在接觸到客戶時，釐清幾個重點，讓後續的買賣委託能夠順利進行，完成客戶滿意度最高的交易。

有些提醒看似簡單又多事，但魔鬼就藏在細節裡，往往就因為少問了一句話，讓整筆買賣風向丕變，為彼此帶來許多額外的善後工作，不可不慎啊！

# 1 要先確認有沒有買賣經驗

當客戶來找我賣賣房屋時，我會提出的第一個問題是：「是否有買房或賣房的經驗？」

為什麼房仲需要知道這件事？如果他有經驗的話，我們就可以先瞭解一下他之前的買賣情況，是自行處理買賣事宜，還是透過仲介買賣房屋。

有買賣經驗的人，如果原本可以自行處理買賣，這次要透過仲介的主要理由是什麼？也許是為了節省時間、提高買賣效率，或者是較為複雜的買賣標的，從幾個簡單的問題中，我們就可以了解接下來要怎麼服務，

提高成交效率，也提升整體滿意度。

如果對方之前曾透過仲介買賣，就需要詢問上一次的買賣經驗中，讓他滿意與不滿意的部分，如果滿意的話，為什麼沒有去找之前的仲介？不滿意的話，希望可以透過我幫他提升哪些買賣體驗？

這些問題都是在接受委託前就要提出來，為的是讓彼此雙方有一個初步的認識。

知道準客戶的好壞體驗之後，我會想辦法去彌補他之前不好的體驗，給出承諾，讓對方相信我是真心站在他的立場，為他處理後續的所有事務。

而他在之前感受到的好體驗，我就要求自己做得更出色，讓對方日後有買賣房地需求時，願意再委託給我，即使自己沒有需求，當有親友詢問，也願意幫我轉介紹。

如果對方在意的點，恰好是我自己也很堅持的部分，且與他立場相左，知道彼此理念不合，我不會試圖去說服對方接受我的想法，畢竟彼此的背景不同，產生歧異的看法是很正常的事情，相信他一定可以找到與他理念一致的房仲，我會委婉提出我們自己的原則，讓他另請高明。

並不是每個來委託的個案，我們都要照單全收，如果在一開始從對方有無買賣經驗開始問起，就能得到很多線索，了解彼此的需求與原則。

若有一方發現彼此並不適合，轉介給適合的房仲，反而能幫助對方更順利完成買賣，就算我們沒有賺到仲介費，能夠因而幫助到人，也是一件很美好的事。

透過一連串的詢問過程中，除了讓我們可以了解客戶的需求，也讓客戶初步感受到我們對這筆委託的重視

程度，放心將房子買賣交給我們處理。每一次的房屋買賣都是個案，沒有通案。

因為每一個人要賣房子、買房子的理由都不一樣，就像我賣房子的理念，每一間房子都是全世界獨一無二的，只要賣出去，世界上就不會有同樣的一間房可買，即使在同個建案的不同樓層相同格局，它們都是不一樣的，不管有多少買家來看房子，最終只會有一個人買成、入住。

就如同法國作家聖·修伯里的《小王子》裡的玫瑰，偌大的花園裡成千上萬朵玫瑰，只有一朵是專屬於他的。賣房子是一個人一生中最大的一次買賣，我們有責任讓這件事情盡善盡美。

遇到從來沒有買過房子的人，更不能馬虎，因為接下來我的一言一行、一舉一動都會影響對方看待房仲

業的目光，對這位客戶而言，我就代表著臺灣的房仲產業，我的所有表現都會影響客戶對房仲的觀感，表現得好或不好，都會成為口碑傳出去。

因此，每一次的買賣都應該要想辦法做到最好，創造出最完美的客戶體驗，也同時提升自己的業務能力。

# 2 買賣房子的動機

知道對方有無買房經驗之後，我會再問他們，買賣房子的動機是什麼？

「請問您為什麼要買房子？」

問出這句話之後，大致上會有 4 種答案：首購、換屋、投資、資產規劃。得到答案之後，接下來要問的問題，除了本章提到的 6 大重點之外，還會有不同的走向，比如換屋，「是因為家裡成員變多或變少？」、「要先買後賣，還是先賣後買？」、「換新房的考量重點為何？」

「請問您為什麼要賣房子？」房子可不像家裡的收藏品，看久看膩了，可以二手網拍就脫手，也不可能拿到菜市場隨意拍賣掉，房仲經紀人清楚賣房子的動機，就如同醫師看診時詢問病人哪裡不舒服、不舒服的症狀是什麼、時間持續多久了？才能對症下藥。

賣房原因百百種，有人是因為家庭成員增加，想換大房子，有人是因為想換個環境居住，有人是背負債務，要藉由房子變現還債，也有人是因為房子承載了太多負面的情感記憶，像是離婚了，屋子留下太多以前生活點滴的痕跡，唯有賣之而後快。

了解了對方想賣的動機，我們就可以更快的幫他將房子賣掉。有時候在聆聽的過程中，為他將心裡的結解開之後，他反而不需要賣房子，從此過著幸福快樂的日子，對我而言，就算沒有成交生意，也多了一個朋友。

2022 年 7 月時，我們接到一個案件，一位年輕的屋主買了預售屋，買屋的動機並不是自住，而是為了投資賺錢。

從來沒有買賣經驗的他，從新聞上看到不少人買屋賣屋賺到錢，加上在疫情後期，臺灣的房地產價格不斷上漲，許多持有房產的人，將房子賣出後賺得盆滿缽滿，因此他就把這件事情看得很簡單。

「我想要把這間屋賣掉，目標是賺到 100 萬。」聽到他這麼坦承，我也就直言不諱，「你知道房地合一稅嗎？」即使帳面上賺了 100 萬元，也會被政府課45%的稅。

另外，現在有實價登錄，就算想要用房子做投資，也要看買方願不願意接受這個價格，因為價格是透明的，買方絕對會清楚他賺了多少錢，他的房子是否值得

買方用高於市價的價格購入是一個問題，另一個問題是，他在 3 年前買的預售屋，會不會也有其他賣方出售房子，同一筆建案，不同的單位，一比較就立見高下。

「這 3 年來，房價漲了，我相信你一定可以賺到錢，只是賺多賺少。」

我拿出計算機算給他看，房地合一稅、仲介、代書等費用加總起來大約是多少，賺 100 萬元跟賺 50 萬元的投資報酬率，以及賣掉的機率各是多少。

他明白了原來現在靠買賣房地產來賺錢沒有想像中的容易，於是接受我的提議，用較低的價格順利賣出。

還有另外一個例子：

有位急著要賣房子的客人，房子本身跟銀行抵押

貸款，一胎、二胎、三胎都借滿了，借了大約 200 萬元，還貸款還得很累，希望可以賣房變現，將貸款一次還清。

由於房子是一間老舊公寓，市值並不高，大約也是 200 萬元，甚至可能再低一些，他的賣房動機就是，用賣房子的現金將貸款一次還清。

看起來是個很不錯的想法，但是再往下問，話風又變了。原來這間房子是他媽媽用來向銀行把錢借好借滿之後，接著把房子贈與給小孩就跑路了，他在 2008 年繼承了房子與債務，繳了這麼多年，還有 200 萬元左右。

而這個房子的公告現值，在 2008 年是 40 萬元，到目前市值約 190 萬元，如果變現的話，他必需要繳交房地合一稅，增值 150 萬元，他得繳 20%的稅金，

也就是 30 萬元左右。

講白了,他就算把房子賣掉也無法「淨身出戶」,因為債務還是無法清償。聽了我的分析,他終於恍然大悟告訴我:「從來沒有人跟我這樣講過。」

原來之前他有找過仲介,但是之前的仲介都不知道他有這段故事,只想著要幫他把房價抬高,收取較好的仲介費。

問題是老房子的價格再怎麼抬也不會太高,何況這個房子的市值真的很低,如果不了解賣方為什麼要賣,賣了能解他的哪些燃眉之急,房仲經紀人很難碰觸到他內心最痛的那一塊,就無法幫助到委託人了。

由於在前期問了足夠多的問題,也在他面前展現了我的專業與誠意,得到這位委託人的信任,因此他也願意將「內情」坦承以告,抓住問題的重點,就能為他提

出解決方案。

　　而他也接受了不可能在賣出房子後就將債務一筆勾銷，雖然還差二、三十萬元，但至少看到了債務清償的終點就在不遠處了。

　　房仲經紀人對於客戶買賣房屋動機的掌握度越高，就越能協助客戶成交。像這位為了還債而賣屋的客人，如果我沒有持續往更深的問題問，恐怕也會跟他之前遇到的業務一樣，只想幫他將房子賣掉，最終不見得能夠將他的負債減到最低。

　　客戶第一次告訴你的買房、賣房動機，不見得是最終極的，多看、多聽、多問，在每個細節處留意客戶透露或隱藏的訊息，才能將真正的動機挖掘出來，正中紅心去處理問題，結果才會正中客戶的下懷。

# 3 了解客戶心目中的理想價格

問過前面兩個問題之後,就要切入最大的重點了。既然買賣房屋是一生中最大的買賣,價格絕對是重要的關鍵。

買房子的客戶理想中,或者講實際一點,能負擔得起的價格是多少錢?準備了多少頭期款?目前是否有信用卡循環信用或者其他貸款?從這些財務背景資料中,來判斷他理想中的房價是否能夠「買得起」理想中的房子。

至於要賣房子的準客戶,我們從前面的兩個重點

中，知道他賣房子背後的理由後，當他講出希望賣出的價格時，就可以協助他反推回去前面的問題。

比如他賣房子是為了還債，債務是多少，對照目前的市場行情、扣掉政府規費、仲介費、增值稅的金額，是否能夠幫他將債務處理掉？

如果對方要賣屋再買屋，又可以再了解他想換屋的原因、環境、格局、價格的需求為何？再問他：「希望賣出的理想價格是多少？」

買賣雙方都會有各自心中的理想價格，掌握住這個關鍵，我們才能夠為他們配對出適合的買家與賣家，也為那些等待被買賣的房子，找到新的主人。

# 4 讓客戶清楚完整的買賣流程

問過了前面的 3 大問題之後，我們大致上可以了解客戶是想買房子還是要買房子，為什麼要區分「想」跟「要」呢？

「想買房子」通常只是在夢想、規劃階段，到路上去問：「你想不想買房子？」相信肯定的答案絕對會占多數。

對於想買房子的人，我們需要再問更多問題，釐清他們的意願，幫助他們了解房屋市場的運作方式。

「為什麼您會想買房子？」

「因為想從家裡搬出來。」

「為什麼會想從家裡搬出來呢？」

「因為跟家人處得不好，所以想出來自己住。」

「您考慮過買房子之後要負擔的生活成本會提高嗎？」

「我有準備一筆頭期款買房，我想與其繳房租給房東，不如繳貸款存下一間房。」

「再跟您確認一下，您想要的房子格局？」

問到這邊，問題可能又會往前推，問前面問過的問題，讓他再重新思考自己的預算，以及買房後每個月的貸款是否會影響生活水準。如果不買房子，他可以怎麼

跟家人改善關係，省下一筆鉅額。

很多時候，「想買」房子的人，會在這個階段告訴你：「我再回去想想。」等他做好準備（心態或存款），就會再來諮詢。

而「要買」房子的人，通常是因為真的有購屋或換屋需求，他們也許已經找過其他房仲，自己也在網路上做了功課，甚至已經看過不少房子了。他們找到我，我就有義務幫他們達成目標，而在達成目標之前，我們繼續看看接下來要注意的重點。

確認了準客戶的買賣意願後，我會跟客戶解釋整個買賣流程。買賣房地產不像一般消費，只要一手交錢一手交貨就銀貨兩訖，必須經過許多複雜的流程。

我會向客戶解釋，從接受委託、開始看屋到交屋，每個流程會耗費多少時間，通常看屋要花的時間最長。

我有個朋友從單身時就來找我看房子，看到結婚、生孩子了還沒下決定，房子的行情也從疫情前同樣的價格可以買透天，到了疫情後的房價大漲，同樣的預算只能買一層公寓了。

　　當買賣終於成交之後，需要代書協助辦理過戶、銀行辦理貸款等流程，每個環節都有每個環節的用意。必須讓客戶了解，之後會需要他們提交證件、要他們交付規費，從買屋到交屋預估要用多少時間，都要讓他們清楚。

　　我常覺得在處理買賣的過程，是一個權力的拉扯。

　　怎麼說呢？每次要幫客戶辦理相關業務時，可能需要他們的證件正本，需要他們先繳交相關費用，讓他們願意相信你，將證件、金錢交付給你的過程，都是權力拉扯。

　　如何將拉扯力道降到最低，我想就是「信任」，從一開始與客戶的應對中，透過專業與服務，建立起客戶的信任感，將會影響在買賣流程中的順暢度。

# 5 要讓客戶清楚買賣過程中會產生的費用

既然買賣房屋需要經過許多政府機關或銀行的處理環節，就會產生相關的費用，絕對不是只需要付仲介費而已。

除了仲介費之外，許多人能想像到的也許是代書費，假設代書費是 1 萬 2 千元，買賣雙方拆分各付 6000 元，不過這只是最低消費。

所謂的「代書費」，並不是由單項服務所產生的費用，大概會包含以下幾種費用：簽約費、代辦抵押權設定登記、移轉登記、實價登錄等，常見的收費區間有：

1. 預售屋買賣契約手續費用：3000 ～ 5000 元／份（買賣雙方平分）

2. 一般成屋買賣契約手續費用：2000 ～ 3000 元／份（買賣雙方平分）

3. 土地買賣契約手續費用：3000 ～ 5000 元／份（買賣雙方平分）

4. 不動產相關契約書撰擬費用：2000 ～ 4000 元／份

代書在辦理房產所有權移轉登記時，也會依照案件類型不同來收費，房屋或土地的買賣過戶代書費，每筆大約落在 4000 ～ 8000 元間，若同時增加筆數，也會再多收費。

過戶流程中，若有另外要處理的事項，也要額外收費，比如信託登記、塗銷信託登記、實價登錄、抵押權利設定登記、抵押權塗銷登記、他項權利變更登記、他

項權利移轉登記等，都是屬於代書要處理的範疇。

　　講解完買賣流程之後，我會同時將費用細項以及繳納的對象與單位列出來，讓客戶心裡有個底，估算一下除了房子本身的費用，還需要額外付出哪些錢，將這些費用預先列出，讓買賣流程透明化，就能避免日後產生不必要的糾紛。

　　有時候，產生糾紛的原因不在於金額的多寡，而是在於客戶認定自己不該支付該筆費用，即使是 1000 元，都會引起心中不快，讓原本愉快的委託案蒙上陰影。我們在前面將「價目表」列越清楚，就越能避免後面的爭議。

　　去年 3 月，我們幫客戶賣了一間老透天厝，屋主是一個上了年紀的阿嬤，對於買賣中會產生的各種費用感到疑惑。原來，他在之前就找過幾家仲介公司幫她試

算，但每一家算出的費用都不太一樣，我告訴她，這些費用都可以透過系統計算，金額應該不太會有誤差，要說有差異的部分應該是增值稅。

由於她的持有時間有幾十年了，不會有房地合一稅的問題，但是增值稅就會是一筆不小的金額。

但是，為什麼會每一家告訴她的金額都不一樣呢？抽絲剝繭了解之後，原來，關鍵是她持有這筆房產的時間點。她並不是一次完全持有，而是多年來，在不同的時間點逐步取得這筆房產，因為時間點不同，產生的增值稅也會不一樣。

要跟一位長輩把這些細節講清楚並不容易，但真的讓她懂了之後，也就通了。老人家攢了一輩子的錢，有了自己房子，賣掉是個超級重大的決定，一定要讓他們清楚最後可以拿到多少錢，才能夠安心。

我們了解了她理想中的賣出價格，再用這個金額去推算，逐筆告訴她在買賣過程中會產生的費用，當成交之後，她可以實得多少金額。長久的疑問茅塞頓開之後，她就很放心的將房子交給我們賣，最終她實際取得的金額，誤差只在幾千元之內。

有不少人在買賣房子時，會擔心房仲多賺他們的錢。比如說，他理想的賣出價格是 500 萬元，「萬一房仲偷偷幫我用 600 萬元賣出，他豈不是多賺了 100 萬元？」

其實不會有這種事情發生。根據「內政部不動產仲介經紀業報酬計收標準規定」，房屋買賣時，房仲向買賣雙方收取服務費用的總額不得超過實際成交價的 6%。

目前不動產市場的行情，通常是根據成交價向賣方

收取「仲介費 4%」、向買方收取「仲介費 2%」的費用，如果成交一戶 500 萬元的房子，賣方需要給仲介費 20 萬元，買方則是支出仲介費 10 萬元。

但有時候不動產經紀人的確可能談到比賣方理想價格更高的金額，產生的費用就是「溢價費」，溢價的部分，在合約內也會載明，總收取金額不能超過 4%。

比如說，原本要賣 500 萬元的房子，我用 550 萬元賣出，我只能跟賣方再多收取 2 萬元的服務費，將法律規定的事項講清楚，跟委託人的關係透明化，同樣是建立雙方信任關係的重要一環。

# 6 結案交屋時的品質

━━━

走過了前面的流程，來到交屋的階段，可別以為這樣就萬無一失了。交屋結案時，必須確保房屋內外的狀況，跟買家來看屋時是一致的。這件事情非常重要，就算前面都做到 100 分，如果在這裡沒有處理好，立刻會被客戶扣到 59 分以下。

我就曾經遇到一個買家，除了房子的環境格局滿意之外，更喜歡賣家附的整套原木家具，從沙發、茶几、電視櫃、桌子、櫃子都是買家喜歡的樣式，可以說是這些家具觸動他下定決心成交。

豈料過戶完準備交屋時，買家轉動大門鑰匙開門的那一刻，整個傻眼，沙發、茶几、電視櫃、桌子、櫃子都健在，只是跟當初看到的完全不一樣。

我的委託人住在臺北，在確認房子售出，我將鑰匙歸還給他後，他可能請南部的親戚將家具全部換過一輪了。

買家就是相中屋內高級家具才決定簽約的，合約中的確也有主張賣家要附哪些家具給買家，但材質天差地別。只是在立合約時，並沒有將材質款式寫清楚，也沒有拍照存證，客戶啼笑皆非，我的心裡則是七上八下。

前面提到的，要先確認買房動機，身為房仲絕對不能忘記再確認成交動機。

在簽約前，如果我能多問一句：「請問是什麼原因讓您決定買下這間房？」他就會告訴我，是因為屋內附

屬的這些家具設備。

其實，在我眼中看來，那些厚重的二手原木家具，儘管要價不斐，卻不是我喜歡的樣式，甚至對我來說，如果把這些家具搬走，我才會想買這間房。

但買方可不這麼想，這些原木家具正好符合他的品味，他也知道自己再花錢買新的家具，會讓入住新家的成本再提高，才願意用賣方開出的價格買下房子。買賣雙方都懂得這些家具的價值，買家因此而下單，賣家也因為合約沒有載明，而將家具移花接木。

表面上看來買家得到了合約上載明的家具，實際上他感覺自己蒙受了巨大的損失，這個損失誰應該負最大的責任呢？合約白紙黑字寫在那裡，賣家並沒有違約，在交出鑰匙的那一刻，交易就完成了。

我只能盡力說服買方，接受這個事實，因為即使興

訟，都不會有勝訴的可能，最後我包了一包紅包給他當
做賠禮，並退還了他一部分的仲介費作為損失補償，這
件事情就這麼完滿收尾。

日後我也會經常提醒自己與同事，不可以讓相同的
烏龍事件再次發生。

第五章

# 買賣素人買房時要注意的 8 個重點

前面談到，房仲新人以及房仲處理買賣委託案件時的注意事項，這一章我們來談談買賣素人要如何選擇適合的不動產經紀人，以及要留意的重點事項。在選擇不動產經紀人之前，先來了解房屋仲介的 3 種店型：直營店、加盟店、自營店的差異。

## ・ 直營店

直銷店指的是品牌總公司直接經營的連鎖店，對內的人事、薪資、營收，對外的品牌、行銷等，都由總公司直接管理，所有的人事編制都直屬於公司，從業務員到店長，都是公司的員工。

## ・ 加盟店

連鎖加盟店就是品牌總部將該品牌的使用權利授權給加盟房仲店，並收取權利金及月費。

　　我現在就是台灣房屋的加盟店東，在加盟體制下，對外都是用台灣房屋的品牌統一形象服務客戶，對內的行政資源也需要由品牌總部提供，加盟合約中會明列雙方要執行的權利與義務。

## ・自營店

　　自營店就是個人成立的品牌，店長就是老闆，我加盟台灣房屋前的「豪傑不動產」就是自營店，自營店的老闆要自己處理店裡的大小事務，盈虧當然也由自己負責。

　　根據內政部 2022 年統計，全臺不動產經紀業已高達 8,330 家，在這麼多家房仲公司中，應該怎麼選擇適合的公司，我有以下幾點建議。

# 1 選擇有品牌的仲介公司

—

初次買賣房屋時，要如何選擇好的房仲經紀人呢？我的第一個建議是，一定要選擇有品牌的。

我自己是從自營品牌轉過來到加盟品牌，所以我很清楚其中的差別，有品牌的公司，總部的監督會比較嚴謹，在買賣過程中比較有保障。

為什麼要選有品牌的？因為有品牌的不動產經紀公司，無論是直營店或加盟店，買賣合約中都會有個「履約保證」，也就是說除了基本的法規以外，還有總部的再監督，處理委託時會力求合法合規，買賣過程中

若是出現狀況，總部都會有法務人員協助處理，完善的
處理機制，對買賣雙方都可以有完整的保障。

# 2 選擇市場能見度較高的品牌

---

　　在有品牌的仲介公司中，還可以再選擇市場上能見度比較高的公司。

　　能見度高指的是什麼？就是它刊登較多的廣告，這裡的廣告不是只有形象廣告，還包含銷售物件的廣告，無論是實體廣告或是網路廣告，廣告刊登得越多，表示有越多的案件可以選擇。

　　如果你是買方，一定是希望盡可能比較更多的房源，再來決定要買哪一間，大品牌的公司，得到的委託相對會更多。

像我們公司，即使是在屏東市，走進店裡，電腦一打開，都有破千件的案件可以挑選。買房子不像其他生活物品，太多選項會有選擇困難，而是選項要夠多，才能找到理想中的物件。

大品牌分店數量較多，在這一家分店沒找到適合的房子，也可以到其他分店瀏覽，能夠幫助你更快找到房子。

# 3 選擇有考過證照的業務人員

　　我們在談房仲新手時，有提到新人還沒考過證照時，會跟著資深的學長姐一起跑業務，將業績掛在學長姐身上，再分配獎金。而買賣房屋時，要注意一定要選擇有通過認證考試的不動產營業員。

　　因為有證照考試通過的房仲，他的證號會登錄在公司總部的系統中，將來出現狀況時，總部才能協助處理。

　　如果沒有證號，出了問題，公司就沒有立場協助處理，因為業務員並沒有在公司的系統中，公司甚至可以

說這是個人行為，與品牌無關。

　　一般而言，房仲公司的營業員會有不動產經紀人證書或營業員證書、不動產仲介公會會員證書、中華民國不動產經紀業保證基金會保證金證書，這些證書多會張掛在牆上，就如同診所裡的醫師，會將他的相關證書掛在牆上一樣，進門時就可以一目了然。

# 4 要簽訂專約

——

　　在選定房仲品牌之後，要跟公司簽訂「專任委託銷售契約書」，一般俗稱「專約」。

　　簽了專約後，這個房子就只能有這個仲介可以賣，屋主不能自行銷售，品牌也不能給其他業務賣，由專屬的業務全權幫你處理，專約的時間短則 1 個月，長也可達 1 年。

　　簽訂專約之後，無論是買屋、賣屋，都只需要單一房仲來當窗口，對屋主而言，不需要浪費時間去應對多個仲介。假設你要賣房，委託給好幾個仲介，每個都來

跟你殺價，光是跟他們應對就疲於奔命了。

我會跟每位客戶說，如果要賣房子，一定要簽專約，「你不一定要給我賣，就算去找別家，也一定要簽專約。」

為什麼我會這麼重視簽專約呢？除了前面提到的重點之外，簽訂專約之後，由單一業務員負責你的案件，他們會更深入了解屋況以及屋主的需求，在帶看、銷售上也會更積極處理。

而為了加快房屋成交的速度，業務也會協助美化、優化你的屋況。賞屋時只能由專約委託的房仲處理，約滿後如果房子有毀損等問題，也有專人可以負責，更重要的是，在專約的保障之下，售價透明，不會出現一屋二賣的狀況。

既然有優點，一定也有缺點，雖然我強烈建議要簽

專約，還是來談一下專約可能遇到的缺點。由於委託給單一公司特定業務處理，如果業務的專業度不足，在買賣時就有可能誤判行情，造成買貴或者賣得太便宜。

如果金額談到底價時，代收訂金後，就無法反悔，若遇到的業務不夠積極，或是他的客戶量不夠，也會影響成交機率。

專約之外，還有「一般委託銷售契約書」，簡稱「一般約」，簽訂一般約，屋主可以自己銷售，或者委託多家房仲公司賣房。

優點是多家房仲業者銷售，客源會增多，在一般約期間內若自行出售，也不需付仲介費，有機會賣出比期望值更好的價格。

但相對於專約的優點，一般約可能會因為房仲積極度不夠，延長銷售期，而進出房子的人較多，若房屋有

毀損,責任難以釐清。

此外,如果與多家公司簽一般約,屋主要溝通的時間與對象也會變多,需要用更多力氣來賣房,甚至因為不同房仲品牌的競爭,讓房子非但沒有賣出好價錢,反而低於底價。

在權衡兩者的利弊之下,我認為專約還是利大於弊,尤其對沒有買賣經驗的素人而言,專約能提供更好的權益保障。

# 5 看房時要注意房子的缺點

——

選定房仲、簽訂專約之後，就進入看房的流程了。看房時不要只看房子的優點，買方跟房仲本來就會將房子的優點突顯出來，所有人都看得到，我們當然也會因為房子本身具有的優點，決定是否買下來。

所謂的缺點不是物理上的缺點，比如水管漏水，發現漏水，只要請水電來修理就完成了，而且就算你看房時沒漏水，買下了以後也可能漏水，這種物理上的缺點比較不是問題。

看房時要早上、下班時間、晚上都去看一次，俗話

說：「千金買厝、萬金買厝邊。」有好的鄰居，比起有好的房子更重要。

上班時間去看房，就看社區停車場流量，以及對外道路交通狀況如何，街道是不是嚴重打結，如果入住之後，一出門上班就要面臨交通問題，日子真的會很難過。

一大早去看，還可以留意附近的環境，如果在學校旁邊，清早就會有鐘聲或學生的喧鬧聲，如果不是早起的人，住在學校旁邊，恐怕就會影響到睡眠。而如果是在市場旁邊，大清早的就人聲鼎沸，雖然有市場一方面代表生活機能佳，另一方面就是嘈雜跟髒亂的問題，需要審慎評估自己是否能夠接受。

此外，還要留意屋子鄰近有沒有宮廟，有宮廟的話，在做法事時就容易有噪音干擾，平常也可能會因為

燒金紙而有空氣汙染的困擾。當然，如果你有自己的虔誠信仰，或許宮廟反倒成為你的加分選項。

外在環境除了要看鄰居，還要看馬路的寬度，如果馬路太小，甚至是單行道，消防車進不來的話，住在屋子裡怎麼會安心呢？而在外面看房子時，同時也可以留意住戶的狀況，出入的人是不是看起來很複雜、公共區域是否維持整潔。

如果你在看房時，剛好又遇到住戶在社區吵架，或許就該考慮一下，這裡的鄰里關係有可能不太安寧。

另外，房子的外觀也是參考的重點，如果你去看中古屋社區，發現每一戶都裝了鐵窗，可能表示這一帶的治安堪慮，如果房價還便宜到讓你心動，那請先別太高興，或許這邊的住戶都急著想要脫手房子，搬到安全的地方去了。

不少人喜歡房子旁邊就是公園，我認為，如果喜歡運動的話，比起公園，住在運動場或健身房附近會更好。因為在公園旁的房子，比較容易有蚊蟲的問題，如果沒有附社區停車位，車子得停在外面停車格，若路邊剛好種了樹，隔天要開車時，會發現車上往往會掉滿果實和落葉，甚至是鳥糞，非常難清理。

很多人會傾向在學區或公園旁，因為環境相對比較單純，但這種理想狀況也隱藏著對日常生活造成不便的因素，若大清早的鐘聲、果實落在車上難以清理等狀況，對你來說都不是問題，再來考慮是否買在這裡。

下班時間去看房子，同樣要注意的是交通流量，也觀察一下在晚餐時間附近居民的生活狀況，最好可以跟周遭鄰居聊聊天，了解一下你要買的房子，屋主為什麼要賣屋、左鄰右舍狀況如何，說不定一探聽之後，發現是因為鄰居不好才決定換房，這時就可以決定放棄這個

房子了。

　　下午還要看一個重點，就是房子是否有西曬問題，如果房子西曬，晚上回到家會悶得像火爐。對有些人來說，西曬不是大問題，只要用遮光窗簾擋住陽光就可以，如果你是喜歡陽光進到屋子裡的人，西曬說不定還加分。

　　若是有管理員的電梯大樓，則要記得看管理員的工作態度，上班時間他是盯著電視節目看，還是會不時起身留意社區內的各種狀況？當有住戶或客人進來時，他會主動打招呼關心，還是連頭也沒有抬的只作自己的事情。

　　公共空間是不是有保持清潔，還是堆了一些不應該出現的雜物或垃圾？從這些地方都可以觀察到，大樓的管理是否到位。

另外一個要留意的重點就是信箱，廣告單有沒有塞滿了大部分的信箱，卻沒有人處理，或者信箱上有好幾張法院寄來的紅色傳單待領通知，這是判斷住戶素質的方式，也可以得知大樓管理有沒有落實到位。

甚至從這裡還可以看出大樓的空屋率，如果信箱長期沒有人整理而塞滿廣告單，很有可能是因為根本沒有人住。

信箱是白天判斷入住率高低的指標之一，時間再拉到晚上九點左右，可以觀察計畫買的房子附近，住戶有沒有開燈，開燈代表著入住率的高低。

如果是老房子，入住率低的話，多半是管委會出了問題，看到這一點，即使屋子本身你很喜歡，還是得審慎評估是不是要入住，否則住進去之後，發現管委會很難搞，已經來不及了。

若是新大樓，入住率也很低的話，表示這個地方很多都是投資客買下的，買了房子之後想再賣，脫手也不容易。晚上也可以觀察，有沒有八大行業在這裡營業，一般來說，八大行業在晚上八點上班，他們會在門口拜拜燒金紙，很容易就可以辨認出來。

如果在意這一點的話（應該很難不在意吧），看到有人晚上在門口燒金紙，就知道應該要避開了。

除了在不同時段多去看幾次房子，也要多諮詢房仲的意見，付了 2%的仲介費，就可以讓他幫你做功課，協助解決各種問題，讓你找到理想中的房子，價值遠遠超過這 2%的費用。

# **6** 模擬在新房的生活場景

—

　　在看房到買房的這段時間，每看一間房，就要模擬在這裡生活的場景。你可以想像入住之後，每天要開車出去上班，上班的動線如何；下班回來，你是倒車入庫還是有機械型停車位。

　　在房了裡，想像你的餐桌擺在哪邊、客廳裡有什麼家具，現有的裝潢是否符合你的需求……等等。有時候，仲介帶看房子的時候，會偏重在房子的坪數、公設比、價格等數據，如果只從這些數字去分析是否該買這個房子，不見得能購買到住得舒適的房子。

191

一間 42 坪的房子，如果裝潢做好做滿，看起來可能比 30 坪的房子還小，如果你希望房子看起來寬敞，就要避免裝潢過度的房子，因為這些裝潢不見得是你需要的。當你在看房時，想像將來入住時，這個特別隔出來的和室是不是用得著，如果沒有這個和室，屋子的空間一定會更寬敞，系統家具櫃雖然看似可以收納很多東西，但你真的需要嗎？

　　在客廳坐下來，想像你每天與家人在客廳聊天看電視的情景，轉頭看看房子的其他角落，那邊可以放個盆栽、這邊可以擺一臺跑步機。

　　看房階段往往是房子狀態最好的時候，因為還沒有不必要的雜物在裡面，對入住之後的生活多點想像，除了美好的部分，還要想一下吸塵器、掃地用具擺哪裡，髒衣物的收納籃放哪邊，這些都是生活中不可或缺的細節，當你想得越深入，就越能幫助你找到適合的房子。

在看屋時，多想像自己生活在這間屋子裡的生活場景，就能更快找到合意的房子。很多時候，你以為要 40 坪的房子才符合一家的生活需求，但也許精簡了裝潢之後，30 坪就足夠了。

買房前，先想像住進去之後的樣貌，也可以幫你省下一大筆錢呢！

# 7 了解自己想要什麼樣的房子

—

對於房仲而言，要先讓客戶看到喜歡的房子，才會往下談價錢，在滿足其他條件之前，價格永遠是最後的考量。而對買房的人來說，一定要知道自己預算的極限到哪裡，比如說，你只有 1000 萬元的預算，就不用去看 3000 萬元的房子，因為以目前的能力是買不起的。

另外，你要清楚自己想要什麼樣的產品，將條件設定得越詳細越好，有了越清楚的條件，房仲可以幫你更快的篩選出房源。

如果你對於想買什麼樣的房子沒有足夠清晰的輪

廓,以為在看房子的過程中會越看越清楚自己想要的房子,那你就錯了,如果一開始就不清楚自己想要的房子條件是什麼,當你看越多房子,心裡只會更加混亂,好像這棟不錯,那棟看起來更好,落入不知道如何抉擇的情況中。

因此在委託房仲找房前,就要盡可能想清楚自己想要的房子規格。比如你想要住有管理員的電梯大樓,有人協助收郵件包裹以及垃圾處理,坪數 30 坪、三房兩廳附車位,要靠近哪所學校或哪個公園,附近要有超市,希望住在幾樓以上或以下,將來居住的成員有哪些人,目前有多少預算,預計要貸款多少錢,將所有條件列出來。除了自己可以更清楚想要的房子樣貌,也能讓房仲在幫你找房子的過程中,提出更適當的建議。

就算你的預算充足,如果一直沒有搞清楚自己想要住什麼樣的房子,仲介就無法帶你看適合的房子,浪費

了彼此的時間。

　　我就有個朋友，帶他看了 4 年的房子，從單身看到有女朋友，分手又交了新女友，結了婚、生了孩子，到現在還沒看到喜歡的房子。

　　大概兩個月看 3 次房子，算一算，4 年下來的時間成本是很高的，更糟糕的是，由於他始終都沒有想好自己想要住什麼樣的房子，因此看的都不是他要的，而現在房價漲了，當年同樣的預算可以買車庫透天房，現在只能買公寓大樓了。

# **8** 從委託開始，就離不開法律

———

買賣房地產，從委託開始，就離不開法律。一般消費當然也有法律約束，比如說你去便利商店買了一顆茶葉蛋，付錢時就形同雙方同意這個消費契約，任一方都並不能任意解除契約。

如果你發現茶葉蛋蛋殼不完整想要換一顆，商店要讓你換，那是業者自己同意的承諾，事實上，法律並沒有強制要求業者必須接受你的退換貨。

而在房地產買賣上，委託房仲並不是絕對必要的。假設你現在有一間房想賣，只要你自己的人脈夠廣，自

己是可以獨力將房子賣出去的。除了實體人脈，也可以在房屋買賣網站上刊登廣告，不需要透過房仲，就能夠處理好房子買賣的問題。

尤其老一輩的人，常會聽說偷偷把房子賣掉的，為什麼要偷賣呢？他可能缺錢不好意思讓人家知道，找了親戚或鄰居偷偷把房子賣掉換現金。如果是沒朋友、跟親戚都斷絕往來、鄰居也都不認識，才會委託房仲幫忙賣，畢竟大家都希望不要付仲介費就能把房子賣掉。

在現代社會中，反而有越來越多人委託房仲買賣房子，主要原因當然就是省去買賣過程中的麻煩事，房仲也懂得幫你將價格守住。

另一方面，如果你要買房子，就需要盡可能多看幾間房去比較，你當然也可以去買房網站挑選，直接跟屋主約看房，談定價格後直接簽約過戶，不需要透過房

仲，是不是省事多了？

　　其實不然，買賣房子的過程中，會有許多繁雜的手續，如果只是為了省去仲介費而決定自己親手操辦，要花的時間可能超乎你的想像。

　　如果你是個上班族，下班之後還要忙著跟屋主或買方約時間，搞得精疲力竭，房子可能還是原封不動賣不出去，或者你想要的房子也還遠在天邊。

　　讓專業的來吧！與其自己花寶貴的時間上房仲網貼廣告文，不如讓專業的房仲來協助處理房子買賣事項，就當作是付廣告費給房仲。

　　除此之外，還有一個很重要的點就是，買賣房子過程所要擔負的法律責任，房仲公司會協助你釐清與擔負。

透過房仲買賣房屋，會簽訂半年履約保固責任，「保固」就是交屋之後買方可以請求賣方免費更新或修復的權利。一般有漏水保固、結構保固、鋼筋外露保固等內容，如果交屋後發現有這些狀況，賣方要免費提供修繕或者負擔修繕費用。

　　一般來說，交屋後半年內，如果發現房子有嚴重瑕疵，回頭要求賣方修繕是理所當然的。如果過了保固期間才發現瑕疵，還是可以回頭請求賣方處理，很多時候，賣方還是會付修繕費，因為不付這筆費用，若買家告上法庭，曠日廢時的訴訟流程走下來，恐怕會耗費更高的成本。

　　保固責任之外，還有個瑕疵擔保責任，這兩者是不同的，即使保固期過了，還是可以向法院請求瑕疵擔保。通常法院處理這類案件有兩種方式，一是「解除契約」，不過法院還是會依照瑕疵的輕重來判決，如果只

是水管漏水，就要將買賣契約解除，顯然有失公平，因此還有第二個解決方式，就是「減少價金」，也就是退還一部分買房的金額。

另外還有個狀況就是「加害給付」，你賣的房子嚴重滲水，買方新做的裝潢因為漏水都泡壞了，除了修繕漏水狀況之外，還必須連帶賠償裝潢損壞的重修費用。

賣房還有一個重點，就是你必須要清楚產權過戶出去的時間點，一般來說，買賣確認之後會有以下的流程：

## · 簽約

買賣雙方就房屋買賣款等各項條件達成協議，用文字方式詳細登載於不動產買賣合約書上，透過代書見證雙方親簽蓋章。

## · 用印

　　用印就是買賣雙方在契約書和相關的文件上蓋上印鑑章的手續，買方如果需要貸款，就要在此時決定好貸款銀行，並確認銀行的作業流程可以配合交屋時間。

## · 完稅

　　賣屋過程會產生的相關稅金，將由稅捐機關核發稅單，買賣雙方依約繳清稅款，等借款人與銀行完成對保手續後，代書就會協助進行過戶、貸款抵押權設定等流程。

## · 點交

　　買方支付尾款之後，賣方就會把房屋移交給買方，雙方來到房屋內依不動產買賣契約書中所載內容清點

後交屋。

有一些屋主會不清楚他的房子產權在什麼時間點已經過戶出去，如果他房子本身有貸款，而買方的貸款在他過戶出去的當下還沒有通過，當房子過戶了，賣方是拿不到錢的，因為買方的貸款還沒有核准下來，銀行無法將這筆錢還給賣方的貸款銀行，而賣方又沒有繼續繳還貸款，房子就有可能被銀行封住，這筆買賣就會出問題。

最近接到一通求救電話，不是我的客戶，而是以前做直銷認識的人。他在高雄買了一戶豪宅，要價 7000 萬元，他年收入六、七百萬元，頭期款已經付了 2000 萬元現金出去，剩下的七成打算向銀行貸款。

問題來了，他經營直銷的收入雖然高，但是為了節省稅賦，他開了公司帳戶，許多開銷單據都可以抵掉每

年要繳的稅，因此公司也沒繳什麼稅。儘管每分錢都是光明正大賺來的，銀行卻對他的資金來源存疑了。

再者，因為現在政策現縮豪宅貸款成數，審核也變得嚴格，超過 3000 萬元以上的房貸，銀行不太願意核貸，更何況他要貸的金額，總價高達 4900 萬元，而銀行針對豪宅能給予的貸款成數只有 4 成，也就是 2800 萬元。

如果銀行貸款下不來的話，賣方就會沒收他的 2000 萬元當做違約金，因此他問我：「怎麼辦啊？」我問他，合約上有沒有載明違約金的收取上限？根據內政部的「建議事項」，違約金收取不得超過成交總價的 15％。注意，這是「建議」，所以沒有強制力，只是讓我們在買賣房子時，可以依照建議寫進不動產買賣合約裡。

　　尤其是金額這麼高的物件，一定要寫在合約裡，像他買的成交總價 7000 萬元，違約金算起來只要 1050 萬元，而不是高達 2000 萬元，但是他的房屋仲介並沒有將這條寫進合約裡。

　　而根據履約保證，他只要違約，已經支付的 2000 萬元就會由仲介公司扣掉他的履保費等相關費用，然後將剩下的款項轉給賣方，這是無法討價還價的。

　　唯一的解決辦法就是，他向銀行貸款 2800 萬元，再自籌 2100 萬元的現金，就能保住已經付出去的 2000 萬元，並且順利入住新房。這個小細節，不少房仲都沒有注意到，當然連買家自己也不一定清楚。

　　接完這通電話後，讓我在店裡例行的會議中跟大家分享，也為大家補足了這個洞，以後遇到高總價的案件，一定要記得寫上「違約金不得超過成交總價的

15％」，相信沒有人想要違約，只是世事難料，多注意到這一點，就能多一分保障。

　　從委託開始，每一個步驟都跟法律有關，雖然一般民眾對於這些法律一知半解，甚至根本沒有概念，在委託房仲之後，只要記得在每個細節處留意，一有問題就詢問房仲，或者甚至可以假設問題來問，好的房仲就算本身不像我讀過法律，沒有那麼深厚的法律概念，還是會盡力幫客戶解決法律層面的問題，順利完成交易的。

# 第六章

# 店東成功經營 10 大心法

在成為加盟店東之後，我發現自己身負著一個龐大的使命感，這個使命感，就是從我這裡開始，提升房仲產業的整體形象。

因為有這樣的使命感，我對於自己的要求更高了，同時我也將這樣的要求放在經營店務與跟同業的交流上，我希望能夠透過自己的拋磚引玉，去改善目前房仲業的形象，讓房仲可以成為受人景仰的行業，而不是如同以前或現在，總是受人詬病。

而要成功經營一家店，乃至十家、一百家店，我認為有 10 點需要注意，以下就來跟大家分享，我的成功店東經營 10 大心法：

# 1 心態要穩

---

做為公司的負責人，老闆心中最重要的字就是：「穩」。心態穩定，遇到事情才不會急躁、出現問題也不會暴怒。

穩定的心態並不是當店東之後才需要培養，而是從基層業務時就要養成，甚至可以說，這是每個人都應該要有的能力。

因為我的心態夠穩，所以在開幕之後遇到三級警戒，我才能夠立即應變。小時候讀書時讀到「風雨中的寧靜」，或者你可能也看過國畫中有人在瀑布下打坐的

畫面，能夠做到這些事，就是因為心態夠穩，就不會出現驚慌失措的行為。

一開幕就遇到三級警戒，可不是容易出現的事情，我將這個危機當成轉機，雖然知道會付出額外的人事成本，但我仍然聘請當時受疫情影響而沒有工作的年輕人到店裡聚會。

他們領薪水打電動、聊天，而我則讓店裡展現出業務蓬勃發展的「假象」，沒錯，真的是假的。明明沒有業績，卻堅持付薪水，因為我知道這件事情對未來店務的拓展有幫助。

因此，我願意持續不斷的付 3 個月薪水，直到疫情解封，到現在仍有不少同業還認為我們店的業務主要都是年輕人為主，就是那時打造出的品牌形象。

當店東或主管，如果心態不穩，當下屬遇到問題找

你解決時，你卻表現得比當事人還緊張，就容易影響軍心，讓人對你產生不信任感。

別忘了，當房仲要給客戶信任感，當房仲的主管，要帶給員工更大的信任感，而這信任感的來源，就是你的心態要穩定，天大的事情都能夠扛住。

從小到大，老師常會説，遇到突發事件時先深呼吸，再決定接下來該怎麼做。這個深呼吸就是在幫助我們穩定心緒，才不會因為衝動而做出錯誤的決定。

還記得在疫情期間，不少人每天看著確診數字高低起伏，不但心情不安，甚至連日常生活都受到影響。當時我看到英國國民保健署（National Health Service，簡稱 NHS）建議，要讓心情穩定，可以每天練習深呼吸。哈佛大學醫學院也曾研究過，深呼吸對健康也很有幫助：促進氧氣交換、避免心跳過速、穩定血壓、減輕壓

力和焦慮感。

我們平常的呼吸是「胸式呼吸」，而深呼吸的執行基礎就是「腹式呼吸」，每天可以用 3 到 5 分鐘的時間練習，讓自己的身心處在一個穩定的狀態。

1. 穿著讓身體感覺舒適的寬鬆的衣服，站立、安坐或躺在瑜伽墊上。
2. 一手輕放在胸口，另一手則擺在腹部。
3. 用鼻子慢慢地吸氣，讓空氣直抵腹部，感到小腹緩緩隆起，胸部則盡量維持平坦。
4. 吸足氣後，微張嘴唇，緩慢穩定地將氣呼出，感受到小腹慢慢收縮。
5. 重複上述吸氣、呼氣步驟，大概做 3 至 5 分鐘，直到明顯感覺到平靜安穩。

# 2 觀察入微

——

以身作則做好業務工作，店東同時還要管理店務，在店務管理上，我認為對所有事情觀察入微，是一個很重要的能力。

我們是業務單位，業務的工作重點在經營客戶，而老闆就是在經營業務，如何讓人願意追隨，端看你帶人是否有帶心。

觀察入微的意思，並不是在看員工上班時有沒有偷懶，或者整天盯著監視器看員工的一舉一動，一看到自己看不過去的行為，就將員工叫進來。在這個面向上觀

察入微，只會讓工作環境越來越高壓，員工在這樣的環境中，非但無法安心工作，更會降低工作效率，如果你對員工沒有足夠的信任，你認為員工還會回饋你同樣的信任嗎？

要能夠將店東／老闆的角色扮演好，就要先有足夠的信賴，如果成天疑神疑鬼，擔心員工的付出跟自己付的薪水不成比例，只想著如何讓員工在有限的 8 小時內，做更多的工作來回報公司，這樣的心態是非常不健康的，往往也會適得其反。

別忘了，房仲公司裡大部分的員工是業務，加盟店的業務沒有底薪，我們要做的是幫助他提升能力，能完成訂單、領到獎金，唯有如此，公司的業績才會蒸蒸日上。

那麼，要觀察什麼呢？我會把自己想成是業務員工

小助理的角色，比如最近他跑業務的次數頻繁，見的客戶量大增，就會去詢問他：「名片還夠用嗎？」如果只剩一盒，就要趕快幫他補印，不能讓業務見客戶時，才發現名片用完了。而當同事報件明顯增加時，我反而會去關心他生活上的事務，車子有沒有記得去保養、最近有沒有陪家人出去走走。

工作賺錢的目的，很大一部分是為了家人、為了讓自己生活過得更好，如果業務做得好，卻犧牲了家庭或個人的生活，是本末倒置的，賺錢的確很重要，但我更希望每個員工體認到：「賺錢是為了什麼？」

賺錢當然是為了讓生活有好品質，而在賺錢的過程中，最重要的就是維持身體健康，賺了再多錢，擁有了房子、名車、名錶，一旦失去健康的身體，這些外在的物質也都失去了意義。

# 3 遊戲規則公開透明

——

　　房仲加盟店的店東，除了承襲加盟品牌的精神與規章之外，在經營店務上可以有更多的自主性，這個自主性就反映在店東的管理風格上，建立管理風格的前提，就是將遊戲規則公開透明化。

　　將管理規章透明化的優點有以下幾項：

## ・建立信任

　　當店東、業務、行政人員以至於客戶，都了解公司的遊戲規則，也明白這些規則對他們的影響，就能夠讓

彼此的信任度提升，不需要因為模稜兩可的規定而產生
疑慮，彼此的信任度也會大增。

## ・減少不確定性

管理規則沒有講清楚，同事就容易混淆不清，甚
至違反規則而不自知，這時候又需要老闆出來處理，如
果因為個人喜惡影響判斷，反而更讓員工不知道要怎麼
做才好。

## ・合法性

房仲是一個在每個環節都離不開法律的產業，從業
人員更應該要有基本的法律素養，如果將遊戲規則明確
訂出，每個人都有清楚的遵循規範，也可以確保他們在
執行業務時能夠合法合規，也有助於留住人才。

## · 提高績效

當每位員工都能理解透明化的規則，就可以避免踩到紅線，清楚界線在哪裡，更可以讓他們在規範之中，將工作做得更好，績效自然也可以提升。

像我們人數不到 20 人小公司，更需要清楚的遊戲規則，老闆的角色要中立，不能讓員工覺得你大小眼。業務間有衝突時，就會將案例做成 SOP，在例會時開誠布公，讓大家知道以後遇到時要怎麼處理。

比如在服裝方面，一般對業務的要求，男生就是穿西裝、打領帶，女生則是套裝、高跟鞋，在屏東要這樣要求有點不符合人性，尤其在夏天，外面體感溫度高達 40 度，穿西裝、打領帶，在外面走半天就中暑了，哪還有力氣繼續跑業務。

我規定每個星期一一定要穿正裝進公司，星期一會

開例會，穿著正裝來開會，也剛好可以幫大家收心，打起精神來，開始這一週的工作。接下來的 4 天，要怎麼穿就依員工、業務個人的需求，但只能有兩種選項，一是西裝、套裝，另外一種就是台灣房屋的 POLO 衫加上卡其褲，只能搭配卡其褲，不能是運動褲或牛仔褲，因為這樣的穿著，代表的就是台灣房屋的企業識別形象。

有時業務穿著 POLO 衫來公司，下午臨時需要見重要的客戶時，也許就換上正式西裝，公司裡每個人都有置物櫃，在裡面都會掛著備換的衣服，臨時需要時總能穿上最適合場合的衣服，順利完成工作。

像這樣將規則講清楚，同仁不會感到模糊不清，當規則成為習慣，遵守起來就毫無壓力了。

# 4 懂工作更要懂玩

—

　　房仲是個高壓力的工作，休閒生活在房仲產業就顯得更重要，老一輩人總是埋首於工作，認為休閒是懶惰的行為，往往想著：「等我退休以後再去哪裡玩。」先別說退休後還有沒有體力四處玩，工作 5 天休假 2 天的用意，就是要讓我們在工作與休閒生活中取得平衡。

　　會工作還要懂得玩，因為休閒可以有效減輕身心壓力，放鬆緊繃的神經，呼朋引伴到某個目的地一起玩，還可以聯絡感情，擁有工作之外的社交。

　　而適度的休閒娛樂，也可以讓工作時的疲勞感降

低，回到工作場域時，有助於提高專注力和創造力。

　　像我這樣七年級尾端的世代，休閒或旅遊已經成了生活的一部分，現在的年輕人也更重視休閒生活，在要求工作績效時，我也會要求休閒績效（當然不是白紙黑字寫出來），帶頭邀大家出去唱歌、聚餐，或者來個兩天一夜的小旅行。

# 5 給釣竿，不要畫大餅

房仲是個充滿驚喜又沒有收入天花板的行業，我會鼓勵新人投入，但也會將實話說在前頭，要有驚人的收入之前，要先有更驚人的付出。絕對不會有從天而降的好運，在這裡，每一分錢都是由專業的人來賺的。

訂定目標時，我會依據店裡人力的現況，訂出合理的業績目標，而不是漫無邊際的畫出不切實際的願景。

做老闆的人，最要注意的就是不能過度自嗨，天馬行空的講出自己都不知道做不做得到的目標時，只會換來員工的失望與挫折。永遠都達不到的數字，更會降低

士氣和工作動力，接著業績下滑，員工也不再相信公司。

比起告訴業務，你在這裡可以賺多少錢，我更重視的是，如何提高他們的專業素養。鼓勵他們去上公司的專業課程、到公會進修，都是學基本功，而實作的經驗除了每個人自己的體驗之外，我也會在每週一的會議上分享案例，無論好的或壞的，並不是每個人都能遇到那麼多案例，我將案例整理成 SOP，讓還沒遇到的人以此為鑑。

一個人的失敗經驗，能夠讓其他 10 個人避免重蹈覆轍，而一個人的成功，則可以幫助其他 10 個人提早成交，這才是業務需要的。

我期望，每位穿著台灣房屋制服的同仁，走到外面面對客戶時，都能自信滿滿，用最親切的態度給出最專業的建議，成交最完美的案件。

# 6 做出店的差異化

---

　　每一間加盟店，雖然都架構在品牌之下，但店內的風格與氛圍，會因為主事者的不同而有差異。讓自己的店跟其他店做出區隔，是店東非常重要的課題。

　　做出差異化後，如果是有經驗的業務，來到這裡自然會感受到跟別間店不同的內容，比如說資源、教育訓練、廣告、福利等。身為業務單位，氛圍非常重要，要能維持積極的戰鬥力，又不要太高壓，儘管業務跟行政每天看似打屁聊天，交流的可都是工作內容，而業務就在輕鬆的氣氛中完成了。

像我公司的業務新人，他們的案件不用擔心會沒有曝光的機會，我會在房屋網站上幫他們將案件的廣告貼出去，他們不需要再自己花錢去買廣告，讓他們的「營業成本」可以減少。

此外，如果業務可以讓屋主將我們公司的廣告帆布掛在他的房屋外，我就再加發獎金給業務。掛上這塊帆布，除了可以增加案件與品牌曝光度之外，也代表屋主對我們的信任。

而像是公司裡的飲水、影音設備等，我也都以員工的需求為主，我要求飲水機要有冰、溫、熱三種水溫，補水也要求要簡易，讓大家使用起來感受是好的。影音設備除了讓開會可以更順利進行外，搭配的 PS5 遊戲機，也非常歡迎員工在下班後打個遊戲放鬆心情。只要是能夠讓員工提升工作效率的事情，我都樂意去做，提升硬體設備，只是這其中的一點。

# 7 將總部的資源運用到極致

—

　　每個加盟總部，都會提供資源讓加盟店運用，從品牌 LOGO 到學習資源等，店東要懂得將總部的資源運用到極致，才能夠發揮最大的綜效。

　　比如在辦活動時，我會去聯合屏東其他 11 家台灣房屋的加盟店，將加盟主串連起來，團結力量大，能跟總部要到的行銷資源就會夠多。

　　其實店東跟總部要資源，將總部資源運用到極致的動作，也是在協助總部提升員工的向心力。

　　就算店東再厲害，能夠凝聚全店上下員工一起創造業績，如果沒有同時讓員工認同品牌，就有可能遇到員工來反應：「那一家品牌好像更好，老闆有沒有考慮改加盟那一家呢？」

　　這是我遇過的真實狀況，另一個同業店東告訴我的。他的員工來跟他反應：「A 品牌感覺比我們現在這個品牌好，老闆有沒有考慮換招牌呢？」

　　員工會這樣反應，很有可能是加盟店東沒有讓員工了解到加盟品牌的優勢，並建立起對品牌的忠誠度和向心力，才會跟老闆提出換招牌的建議。

　　就算你很會做人，員工願意跟著你一起打拚，如果你沒有同時建立起品牌在他們心中的地位，就很可能遇到這種尷尬的狀況。

# 8 同行，寧樹友不樹敵

━━

　　對於同行，吃虧就是占便宜，讓對方賺，未來就有更多合作的機會。房仲是個非常重視互助合作的產業，不只是跟同公司的業務、行政，跟同行間也是一樣。

　　比如我跟客戶簽了專約之後，如果有同業想來跟我「調件」，帶客戶去看房子，我會給他們，即使最終由他成交買賣，我也不會有損失。

　　因為他會將仲介費按比例回饋給我，而日後當我有需求跟他們調件時，也能夠得到肯定的回覆。

同行間的競爭是無庸置疑的，但是在競爭的同時，又能夠相互合作，才能避免落入惡性競爭，為了贏過對方不惜使出卑劣的手段促成交易，看似贏了賺了，卻陷產業形象於不義，長遠來看絕對是弊多於利。

不同店的業務之間，難免會為了搶案件而發生爭執，這種情況我通常不會介入，而是在前面就告訴業務，他們要有解決問題的能力，尤其如果跟同行業務的問題都無法自己解決，又要怎麼解決跟客戶之間更棘手的問題呢？

而真正要輪到我處理時，我也是跟對方業務的店東老闆談，老闆都會以和為貴、相互讓步。

萬一對方不讓呢？我還是那句老話：「吃虧就是占便宜。」我們在這裡吃點虧，為別人留個退路，也是為自己留個餘地。

身為業務，要非常愛惜羽毛，不要為了達成業績不擇手段，我們就像孔雀一樣，身上每一根斑駁的羽毛都是非常珍貴的，要能維持這些羽毛的光彩，靠的不是外在的粉飾，而是由內而外以正直、品格去塑造的。

# **9** 頭要比人家低，禮多人不怪

---

　　成功的業務一定都懂得低頭的藝術，不會去跟客人起爭執，即使客人不懂，需要適當教育時，也是不卑不亢，用最謙恭的態度去引導客人。

　　而我說的店東頭要比人低，不只是對客人，更要對同行的老闆。案件合作愉快，三節時就固定送個禮，感謝對方的成全，也維持彼此的感情熱度。

　　說到低頭的藝術，我想點出一個問題，為什麼房仲在市場上會容易受到批評？因為大多時候，他們都不懂得怎麼處理客人的情緒，往往只拿著白紙黑字的斡旋委

託書來跟客人溝通。事實上，大多時候重點都不在白紙黑字記載的內容裡，而只是客人在某個點上感覺不好，情緒出了點問題。

有些人對你產生情緒上的反應，不見得會跟你説。比如去看房子前，你沒提醒對方附近不好停車，建議他們不要親自開車來，結果他們開車在案件附近繞了三圈才終於找到停車位，遲到 20 分鐘才來到案件門口，可能還因此影響了接下來的行程安排。

業務沒有察覺客人的情緒變化，甚至還提醒客人自己接下來還有另一個地方要跑，暗示客人要「看快點」，業務講這話有沒有錯？沒有，但是講得不漂亮。而當話講得不漂亮時，就容易讓成交結果跟著不好看。

所以我常在開會時跟業務溝通，對於客人的情緒反應要觀察入微，不要忽略了每個表情及話語的細節，因

為這些細微的變化,很可能就左右了對方成交與否的決定。雖然買賣房子是人生最重大的買賣,但很多時候影響人們判斷的,並不是價格或物件本身,而是在買賣當下的心情。

在業務階段多理解這層的心理變化,成為店東之後,自然就更能在處理情緒上有比較好的修為。我也會鼓勵業務去上心靈成長課程,透過了解自己的內在,去改變外顯的行為跟語言,培養專業之外的「軟實力」,讓工作可以做得更好,人生也可以更圓融。

# 10 家和萬事興

———

　　長久以來總有個刻板印象，事業順利的人感情經常繳白卷，或者事業成功的人背後都有個破碎的家庭，不是離婚就是家庭不睦，似乎家庭或婚姻幸福跟成功的事業是相抵觸的，事實真的如此嗎？我並不這麼認為。

　　另外一個說法是，成功的男人背後有個偉大的女人，但這個說法似乎偏重在傳統男主外、女主內的家庭結構中，太太無條件支持丈夫的事業發展，自己成為他的後盾。隨著時代演進，雙薪家庭越來越多的情況下，這種狀況也越來越少了。

根據 2014 的《時代雜誌》報導指出，芝加哥大學的大規模研究中發現，婚姻幸不幸福的關鍵，是丈夫的個性和健康。這項調查訪問了 953 對異性戀夫妻，發現先生態度越正面，太太抱怨兩人關係有衝突的比率就越低，而另一方面，太太的態度對於婚姻關係的影響並不大。

前面講到我的成長過程中，一直跟父親的關係時而平順時而緊張，跟我弟的關係更是水火不容。而在進入房仲業的同時，我也結婚有了孩子，坦白說，在這幾年間，我跟太太的關係曾一度陷入僵局，回到家兩個人好像沒有話題可以聊，對於親子教育的看法也沒有共識。她在家帶孩子，我在外拚事業，表面上看來，應該是男主外、女主內相互家庭經營的共好關係，但回到家裡，我們卻沒有共同話題可聊。

我以為忙碌了一整天，回到家裡應該可以放鬆好

好休息，可是怎麼回到家反而壓力更大？外面遇到的人事物已經讓我壓力山大，回到家怎麼還有一堆問題要處理呢？我心想，我每天外出奮鬥、努力工作，不就是要讓家人過更好的生活，怎麼會讓自己跟家人的關係陷入泥淖呢？

為了解決這個問題，我報名上了心靈課程，不只我報名，連太太、弟弟、爸媽都一起去上了課。在課程中，我們對自己與家人的關係做了梳理，更認識自己的內心，也對在家庭中的各種關係，跟父母、手足、配偶以及子女的關係，做了深入的探討。

這系列的課程，讓我們全家人在後來更懂得去珍惜彼此的關係，也有效改善了彼此長久以來的相處問題。

家庭關係如果沒有處理好，跟業務同事、客戶，又要怎麼去建立良好的關係呢？後來，我常會鼓勵同事也

透過相關的課程，去認識自己，改善與家人間的關係，因為「修身、齊家、治國、平天下」，事業要成功，得先把家庭的地基打穩。

後來，我也經常將自己管理家務、提升親子關係的方法，與客戶分享，教他們怎麼提升家庭、夫妻關係，反而不需要主動成交，成交就自動上門了。當自己有了經驗，看到別人有同樣的狀況時，不用對方講，我都可以從他的行為言談中一窺端倪。

就有個年輕人，我們常常去小酌，我觀察他的狀態，發現他有這個年紀的成熟度，可是又表現得像小朋友一樣，我問他：「是不是後面沒有父母親的支持？」果然一語點中，說中他心裡話後，我也試圖給他一些建議，讓他去解開與家人的心結，自此我也成為他信賴的對象。

**房仲沒告訴你的 34 件事**

千萬房仲店東郭承豪告訴你，房仲新手 10 大建議✗仲介買賣 6 大重點
✗素人買房 8 大注意✗店東經營 10 大心法

| | |
|---|---|
| 作　　　　者 | ／郭承豪 |
| 出 版 經 紀 | ／卓天仁 |
| 美 術 編 輯 | ／孤獨船長工作室 |
| 執 行 編 輯 | ／許典春 |
| 企畫選書人 | ／賈俊國 |

| | |
|---|---|
| 總 編 輯 | ／賈俊國 |
| 副 總 編 輯 | ／蘇士尹 |
| 編　　　　輯 | ／黃欣 |
| 行 銷 企 畫 | ／張莉滎・蕭羽猜・溫于閎 |

發　行　人／何飛鵬
法 律 顧 問／元禾法律事務所王子文律師
出　　　　版／布克文化出版事業部
　　　　　　臺北市中山區民生東路二段 141 號 8 樓
　　　　　　電話：(02)2500-7008 傳真：(02)2502-7676
　　　　　　Email：sbooker.service@cite.com.tw
發　　　　行／英屬蓋曼群島商家庭傳媒股份有限公司城邦分公司
　　　　　　臺北市中山區民生東路二段 141 號 2 樓
　　　　　　書虫客服服務專線：(02)2500-7718；2500-7719
　　　　　　24 小時傳真專線：(02)2500-1990；2500-1991
　　　　　　劃撥帳號：19863813；戶名：書虫股份有限公司
　　　　　　讀者服務信箱：service@readingclub.com.tw
香港發行所／城邦（香港）出版集團有限公司
　　　　　　香港九龍九龍城土瓜灣道 86 號順聯工業大廈 6 樓 A 室
　　　　　　電話：+852-2508-6231　　傳真：+852-2578-9337
　　　　　　Email：hkcite@biznetvigator.com
馬新發行所／城邦（馬新）出版集團 Cité (M) Sdn.Bhd.
　　　　　　41，JalanRadinAnum，BandarBaruSriPetaling，
　　　　　　57000KualaLumpur，Malaysia
　　　　　　電話：+603-9057-8822 傳真：+603-9057-6622
　　　　　　Email：cite@cite.com.my
印　　　　刷／韋懋實業有限公司
初　　　　版／2024 年 2 月
定　　　　價／380 元
I S B N／978-626-7431-12-2
E I S B N／9786267431115(EPUB)

**城邦讀書花園**　**布克文化**
www.cite.com.tw　WWW.SBOOKER.COM.TW